Comment j'ai quitté mon bégaiement

Jean COUESNON

Comment j'ai quitté mon bégaiement

Publibook

Dialoguez avec l'auteur, et retrouvez cet ouvrage accompagné de la critique de notre club de lecture, des commentaires des lecteurs, sur le site Publibook :

http://www.publibook.com

Publibook, Paris, 2005

Éditions Publibook,
14, rue des Volontaires
75015 Paris – France
Tél : 33 (0)1 53 69 65 55

IDDN.FR.010.0103346.000.R.P.2004.035.40000

Préface

J'étais bègue, et comme tous les bègues, mon émotivité était embarrassante, jusqu'à provoquer des blocages émotionnels.

Ainsi, j'avais une terrible peur des autres, de leur jugement, ce qui provoquait chez moi des difficultés de parole (je ne bégayais pas en lisant seul).

De plus, je manquais totalement de confiance en moi. Ainsi, je voulais toujours me prouver et prouver aux autres que j'étais bon. Je me trouvais toujours mauvais avec la certitude de n'en faire jamais assez et jamais assez vite.

Ces trois catégories de stress (émotivité envahissante, peur des autres avec leurs jugements et manque de confiance en moi), étaient permanentes ; ainsi, je ne me rendais pas compte de leur existence, tel le poisson qui ne sait pas qu'il est dans l'eau. Nous ne nous rendons pas compte du quotidien. Nous ne le voyons que dans le manque. Nous ne pensons à l'air que nous respirons que lorsque nous étouffons.

Le bègue ne peut donc qu'évoluer difficilement dans le sens d'une libération, car c'est un prisonnier qui ne connaît pas sa prison.

Il donne le change en apparaissant brillant, en voulant toujours faire plus, prouver plus. Il se donne du mal pour arriver, mais il ne dit pas ses émotions.

Mon effort pour quitter ce bégaiement a consisté à me comprendre, à prendre conscience des mécanismes qui me faisaient bégayer et à les analyser pour résoudre mes problèmes.

Je montre donc les gros problèmes auxquels j'ai été confronté et ma recherche de solutions.

Puis, je présente mon long cheminement pour quitter mon bégaiement, d'abord physiquement, puis mentalement.

Pour mener à bien cette libération, je me suis servi de l'esprit créatif et pragmatique que j'avais déjà étant petit. J'ai toujours aimé apprendre et réaliser pratiquement.

Afin que vous profitiez de mon expérience, mon livre est organisé en deux parties :

- *la première, autobiographique, comporte de nombreux conseils, ainsi que des exercices à suivre, en particulier dans les textes encadrés*
- *et la seconde, constituée d'exercices qui s'ajoutent à ceux de l'autobiographie pour vous permettre, à votre tour, d'acquérir une parole fluide.*

Maintenant, à vous d'agir pour quitter votre bégaiement, <u>une année</u> devrait être suffisante pour y parvenir <u>si vous vous entraînez régulièrement</u> ! Bon courage, c'est facile !

<u>Remarque</u> : ce livre ne remplace pas ceux des spécialistes concernés et ne s'applique pas aux enfants[1]•.

• Références bibliographiques en fin d'ouvrage.

Première partie
Autobiographie

Chapitre I
L'heureux temps où je ne bégayais pas

Mon enfance était heureuse. Je vivais dans un petit village de Seine et Marne. En venant de l'ouest, le cimetière apparaissait sur la gauche, puis plus rien, et enfin quelques maisons se dressaient. En poursuivant encore un peu, on arrivait au bas du village. À gauche, une route sinueuse épousait, en montant, le bord d'une grande place en pente. À droite, la fontaine et le lavoir rassemblaient les femmes, car la commune ne possédait pas l'eau courante. À côté, un abreuvoir pavé et en pente. Il était plein de têtards, que je capturais comme les autres enfants, et servait à abreuver les vaches et les chevaux. En face, à une bonne centaine de mètres, l'école et la mairie bouchaient le paysage et séparaient la route en deux directions : une, à gauche, suivait la place dans sa montée, l'autre, à droite, quittait le village. En gravissant cette immense place bordée de majestueux marronniers, on voyait d'abord le monument aux morts sur la gauche, puis l'église un petit peu au-dessus ; tout en haut, des maisons, et enfin, une route. La place était cernée de routes. J'habitais celle du haut.

Notre maison comportait une grande pièce, une cuisine et deux chambres, une pour les parents et l'autre pour les enfants. Une grande remise servait à stocker le bois et le charbon pour l'hiver, ainsi que les pommes de terre.

Je me souviens que nous avions déjà un poste de TSF et pendant que ma mère écoutait les chanteurs de l'époque, je jouais à empiler des cubes en bois dont chaque face était décorée de dessins. Ces dessins se devinaient plus qu'ils n'apparaissaient, tant les cubes avaient servi. Je m'amusais à essayer toutes les combinaisons possibles d'empilement, mais c'était limité. Pourtant, j'y passais beaucoup de temps avec beaucoup de plaisir.

Un Noël, je reçus une boîte en bois avec une grande image représentant des chalets. En l'ouvrant, je vis, bien rangées, des pièces de couleur brune et de section carrée de deux longueurs différentes pour construire des murs, avec aussi des fenêtres jaunes, des plaques vertes pour la terrasse et d'autres rouges pour le toit. Je construisais sans arrêt, essayant d'abord en suivant les modèles, puis en en créant d'autres ; mon imagination était seulement limitée par le nombre des pièces.

Un autre Noël, ce fut une grande boîte de carton, décorée de figures composées de pièces perforées, avec « MECCANO » écrit en grand, qui me ravit. Je l'ouvris et je découvris une multitude de pièces métalliques, toutes trouées, des longues, des courtes avec d'autres intermédiaires, des rectangulaires, des carrées, des roues, des axes, des clips pour fixer les roues sur les axes, un crochet, de la ficelle, une multitude de vis et d'écrous pour assembler toute cette mécanique à l'aide de clés et de tournevis, fournis eux aussi. Mes parents me montrèrent comment m'en servir. Ils réalisèrent un tracteur, j'étais émerveillé. Par la suite, j'éprouvai de la tristesse à démonter leur réalisation. Je construisis une remorque, une brouette, une grue… Une fois réalisés tous les modèles de la notice, je me mis à en créer des nouveaux. Les possibilités semblaient inépuisables, mais il me fallait démonter les réalisations précédentes, ce que me contrariait un peu. Inlassablement je construisais et reconstruisais avec un énorme plaisir, développant mon esprit pratique. Je passais mon temps à assembler des éléments épars pour réaliser mes désirs.

Ce fut entre mes jeux de cubes et le « MECCANO » que s'inséra ma première rentrée scolaire, à l'école primaire. Ma mère m'accompagnait. Il faisait froid, je portais un manteau « pied-de-poule ». Dans la cour de l'école, je pleurais, je m'agrippais à elle, alors l'instituteur demanda à une grande de s'occuper de moi. Ma mère partit, je crois qu'elle aussi pleurait. Vaincu, j'accrochai mon manteau au portemanteau dans la cour, sous le préau, puis nous entrâmes en classe.

La salle de classe était unique, avec un seul maître d'école qui enseignait à tous, du cours préparatoire jusqu'au Certificat d'Études Primaires, car nous n'étions qu'une quinzaine d'élèves, répartis sur cinq rangées de tables. Les plus petits s'installaient dans la rangée de gauche en regardant le maître, pour terminer, année après année, dans la rangée de droite, près de l'unique porte. Pour ce premier jour de classe, je fus provisoirement installé à côté d'une grande. L'instituteur me donna un cahier et me dessina, sur une belle page, sur la première ligne, un petit cheval, constitué d'un trait horizontal pour la tête, un trait à quarante-cinq degrés pour le cou, deux V inversés pour les jambes et un autre petit trait à quarante-cinq degrés pour la queue. Je dus continuer la ligne. J'y arrivai et je fus content de mon œuvre.

Le lendemain, je prenais ma place dans la rangée des petits. Je suivais une scolarité tranquille. Avec Charlotte, nous n'étions que deux nouveaux arrivés. Bien plus tard, pour le premier classement, elle prit la première place et moi la deuxième. Après m'être fait sermonner par mes parents qui me montrèrent qu'elle avait quelques mois de moins que moi, je ne lui ai plus jamais laissé la première place. Sur la gauche, deux grandes fenêtres laissaient voir la cime des marronniers et me faisaient rêver. Je m'évadais alors en pensée. L'école me plaisait beaucoup. J'apprenais sans peine, prenais un grand intérêt à lire et à compter. Quelques années plus tard, je me régalais des problèmes avec des prés entourés de poteaux et de grillage pour les clôturer. J'adorais calculer le nombre de poteaux et la longueur du grillage ainsi que leur prix. Je coulais des jours heureux, partagé entre l'école, mes jeux, la maison et mes copains : Charlotte, plus jeune de six mois, et Charles, qui, lui, avait presque deux ans de moins que moi.

J'étais heureux, une douce paix m'habitait. Pourtant, les jours de pluie, quand je n'avais pas classe, je regardais avec ennui les gouttes s'écraser sans discontinuer sur les vitres.

En discutant entre eux, mes parents disaient que nous devrions déménager, car pour poursuivre de bonnes études, il fallait aller en pension ou entrer en apprentissage chez un patron à plusieurs dizaines de kilomètres, sans moyens de transport en commun. Alors, ils consultaient les petites annonces du « Parisien ». Mon père venait d'en découvrir une dans le journal. Elle lui semblait intéressante, car elle proposait un poste de mécanicien agricole près de Versailles, à l'Institut National de Recherche Agronomique. Il envoya sa candidature. Alors qu'il n'y pensait plus, il reçut une convocation pour un entretien. Il y partit pour deux jours, il voulait montrer ce qu'il savait faire et se présenter.

Après deux jours, il rentra à la maison, assez confiant malgré le nombre de postulants. L'avantage qu'il pensait avoir sur les autres candidats, c'était sa polyvalence, car il soudait, réparait dans les domaines de la mécanique, de l'électricité et réalisait des ouvrages comme des portes d'entrée de ferme... L'attente de la réponse à l'entretien commença. Moi, j'étais bien ici, mais une lettre arriva. Elle confirmait la première impression, il était embauché ! Je me résolus donc à déménager, à partir à l'aventure, pas très rassuré.

Pour des raisons scolaires, c'est aux vacances de Pâques que s'effectua notre déménagement, un samedi. Il fut difficile, le départ ! Mon père prit les devants avec le camion de déménagement et nous, nous bénéficiâmes d'une voiture, avec le nouveau patron comme chauffeur ! Ma mère pleurait, nous fîmes nos adieux à nos voisins, à mes camarades de classe, et nous voilà en route vers l'inconnu. Je faisais le fanfaron, les yeux secs, mais je n'en menais pas large.

Chapitre II
Naissance et installation de mon bégaiement

C'est ainsi que l'année de mes dix ans, nous arrivâmes dans un petit hameau, dans une belle maison neuve. Je fis connaissance avec les garçons des voisins, que je trouvai sympathiques. Et la reprise de l'école arriva. La cour de récréation était très grande, avec une séparation au milieu, un côté pour les filles, l'autre pour les garçons. Il y avait plusieurs salles de classe. J'étais dans celle de la femme du directeur. Tous les jours, il fallait apprendre par cœur tous les résumés des livres utilisés en classe : calcul, histoire, géographie et grammaire. Des interrogations orales et écrites pour chaque matière ponctuaient les journées. Elles m'angoissaient car je ne me rappelais pas tout. Je n'y étais pas habitué et l'enseignante se moquait de moi, parce que j'étais arrivé avec une étiquette de bon élève et que maintenant, j'éprouvais des difficultés pour apprendre tout par cœur. Outre les cris et hurlements, les punitions pleuvaient : ainsi pouvaient s'accumuler la copie de dix fois le résumé et des violences physiques aussi humiliantes que douloureuses comme recevoir de bons coups de règle sur les doigts et se faire violemment tirer les oreilles.

Je me mettais alors à faire celui qui faisait beaucoup d'efforts afin de lui arracher un peu de compassion, pour qu'elle me fasse moins souffrir, pour qu'elle cesse d'exercer cette cruelle pression que je ne supportais plus. Je voulais apparaître dans une position d'innocence, de faiblesse, qui lui ferait avoir un peu de pitié pour moi. Je l'écoutais avec une grande attention, sans me laisser distraire, surtout quand elle me regardait. Quand elle m'interrogeait, je faisais d'énormes efforts pour parler, cherchant difficilement mes mots afin d'atténuer sa méchanceté. C'est lors de ces interrogations orales que je commençai à bégayer. Oh ! très peu, mais très rapidement, j'eus du mal à sortir les mots. Hélas, ce bégaiement s'étendait à toutes les occasions de prendre la parole, même avec mes copains et mes parents. Je devenais bègue.

J'avais du mal à m'exprimer, à dire le fond de ma pensée et ce que je savais. Je parlais donc dans un langage minimum alors que j'avais tant de choses à dire. L'année scolaire suivante, j'étais dans la classe du directeur. J'y restai pendant trois ans : un an dans la section précédent le Certificat d'Études Primaires et deux ans dans la section du Certificat d'Études Primaires. Le directeur était un brave homme, tout l'inverse de sa femme, qu'il venait d'ailleurs calmer quand elle hurlait trop. Avec lui, j'étais bien, j'apprenais correctement et mon classement se situait toujours dans les premiers, sans toutefois prendre la première place. Mon bégaiement me poursuivait, mais je m'y habituais, il faisait partie de moi. J'étais bien intégré dans la classe, car je travaillais bien et pour cela, on ne se moquait pas trop de moi. C'est ainsi que je passai ces trois années.

Pour le Certificat d'Études Primaires, je redoutais particulièrement la seule épreuve orale, la récitation ou la chanson. Je priais pour que ce soit la chanson car je m'imaginais déjà ridiculisé en essayant de dire une récitation. Heureusement pour moi, je dus chanter, car en chantant, je ne bégayais pas. Je ne chantais pas très bien, mais c'était mille fois mieux que de bégayer lamentablement en récitant. Je fus reçu avec une très bonne moyenne.

Chapitre III
Le professeur de technologie

Dès la rentrée scolaire suivante, j'étudiai dans un lycée technique de Versailles pour préparer un Certificat d'Aptitude Professionnel qui serait, je l'espérais, d'électromécanicien. Les bâtiments étaient vieux, gris et sales. De grosses poutres soutenaient la plupart des plafonds qui étaient descendus de quelques centimètres. Un petit parc, planté de nombreux arbres, égayait le paysage.

Je m'habituais bien à ce lycée technique, même si la rentrée scolaire m'avait bien angoissé, car je ne connaissais presque personne et nous devions changer de classe et de professeur à chaque matière. Mais maintenant, malgré mon bégaiement, je me faisais des amis. Je restais convaincu que pour ne pas faire l'objet de moquerie, je devais être brillant en classe et ainsi imposer un certain respect. Cette idée ne me quittait pas et les faits avaient toujours confirmé mon opinion. Je remarquais en effet que les sarcasmes s'adressaient à ceux qui réussissaient le moins.

Ce que je redoutais le plus, c'était le car dans lequel je montais pour me rendre au lycée à Versailles et pour en revenir. J'y rencontrais des gens de mon âge que je ne connaissais pas et qui se moquaient de moi, car je ne communiquais pas, tellement je bégayais. Ils se moquaient d'autant plus qu'il y avait des filles dans ce car. Le trajet se passait relativement bien le matin, mais le soir, c'était l'enfer tant ils étaient excités. Alors, je me blindais, je m'enfermais dans une bulle pour m'isoler de l'extérieur, et ainsi je résistais.

La première année était un tronc commun à la fin duquel on choisissait la spécialité préférée : électromécanique, ajustage, chaudronnerie ou menuiserie. J'avais choisi électromécanique et je n'avais eu aucun mal à l'obtenir, étant dans les premiers du classement ; ma scolarité se déroulait sans problème.

J'aimais beaucoup l'étude des techniques, des outils et des matériaux. Elle était enseignée par un professeur d'ajustage. Âgé d'une cinquantaine d'années, habillé de son éternelle blouse grise, il nous parlait aussi de la vie, comme à des adultes, ce qui nous changeait de l'école primaire, que j'avais quittée quelques mois seulement auparavant. Aujourd'hui, son cours passait en revue les différents ajustements, les pièces mâles, les pièces femelles, les pièces mâles qui coulissaient dans les pièces femelles, ce qui entraînait l'hilarité générale.

— Vous verrez, les femmes vous feront marcher, elles vous trahiront, mais le métier ne vous trahira jamais. Vous le garderez toujours. Alors travaillez, vous ne le regretterez jamais, votre savoir vous sera toujours fidèle, vous pourrez toujours compter sur lui, nous dit-il.

Nous avions tous arrêté de rire. Il nous impressionnait, avec ses messages philosophiques qui entrecoupaient ses cours. Celui-ci, surtout, m'influença et je l'appliquai. J'apprenais. Je m'investissais parce que cela me plaisait, mais aussi parce que cela me rendait plus performant et augmentait la confiance en moi, pour saisir les opportunités de la vie.

J'élargissais aussitôt le message du professeur en me disant :

— Le savoir ne te quittera jamais. Sois curieux, apprends, investis en toi-même ; ainsi, tu pourras toujours compter sur toi.

Chapitre IV
Une goutte d'eau, deux gouttes d'eau, …

J'étais toujours au lycée technique, en cours de physique. J'apprenais que les matériaux et les constructions vibraient et que si on entrait en résonance avec la fréquence propre du matériau ou de la construction, ils casseraient. Ainsi, pour franchir un pont, la colonne de militaires cessait de marcher au pas cadencé. Plus fort encore, théoriquement, si des gouttes d'eau tombant sur un rail de chemin de fer entraient en résonance avec lui, il se briserait.

Je prenais conscience que de petites choses répétées pouvaient provoquer de grands effets et que ces grands effets pouvaient être négatifs ou positifs.

Quand un robinet fuit et laisse échapper des gouttes, dans l'instant, ce phénomène est bénin, seules deux ou trois gouttes tombent par seconde, mais au fil des heures, des jours, des semaines, des mois et des années, ce sont des mètres cubes d'eau qui s'écoulent.

Je décidai d'intégrer ce phénomène dans ma vie de tous les jours. Je l'appelai « la théorie de la goutte d'eau ». Ainsi, je raisonnais avec le temps, surtout pour les choses compliquées. Par exemple, si je devais lire un livre très ardu de trois cents pages, je pouvais être découragé, la tâche paraissant surhumaine. Mais si j'en lisais une seule page par jour, tous les jours, ce qui était très facile, en dix mois, j'en avais terminé la lecture pratiquement sans effort. Il était préférable de procéder ainsi que de ne pas l'avoir lu.

De plus, cela constituait un entraînement et je remarquais qu'au fil des jours, j'en faisais plus que ce qu'avait prévu ma théorie de la goutte d'eau. Dans l'exemple du livre, sans faire plus d'efforts, avec l'habitude, j'augmentais le nombre de pages lues chaque jour.

Cette théorie pouvait s'appliquer à tous les actes de la vie. En mettant cent euros de côté par mois, à la fin de l'année, c'est mille deux cents euros et cent vingt mille qui s'amassent au bout de dix ans et ainsi de suite. À l'inverse, une dépense quelconque régulière de quinze euros par mois représente un budget de cent quatre vingts euros par an.

J'intégrais cette théorie à mon comportement. Je ne stressais plus devant l'ampleur de certaines tâches à effectuer. Je savais que j'y arriverais avec le temps et je planifiais la difficulté en conséquence.

Je planifiais ce que j'avais à effectuer en échéances raisonnables. Ainsi, je préférais des petits efforts répartis régulièrement dans le temps, plutôt qu'un énorme travail réalisé dans l'urgence.

Chapitre V
Échecs successifs

En cette fin de troisième année, je m'inscrivais, comme les autres élèves, au Certificat d'Aptitude Professionnel d'électromécanicien. J'avais toujours eu de bonnes notes et cet examen ne me posait pas de problème, seulement une forte angoisse que je partageais d'ailleurs avec d'autres.

Ce Certificat d'Aptitude Professionnel d'électromécanicien se déroulait en épreuves pratiques et en épreuves théoriques, au mois de juin mille neuf cent soixante. J'y allais en toute confiance, il n'y avait pas d'oral et je connaissais bien tout le programme, sans lacune. Tout se déroula comme prévu sauf une épreuve, dans une salle de mesure où je devais réaliser quatre mesures avec un commutateur qui ne comportait que trois positions. Nous n'avions jamais étudié ce système ! Je cherchai toutes les astuces possibles pour résoudre ce problème et je ne trouvai pas. Chaque mesure se faisait avec un responsable extérieur à l'établissement qui devait veiller à ce qu'un accident ne se produise pas. En effet, nous travaillions sur du courant de deux cent vingt volts et en cas de difficulté, il mettait le candidat sur la piste. Je devais m'expliquer ! c'était de l'oral ! Celui qui était là pour aider ne me donna aucune indication. Mon bégaiement l'importunait-il ? Me jugeait-il incapable de faire ce métier ? Je rendais donc ma copie avec la réalisation de trois mesures seulement au lieu des quatre demandées. Hélas, cette quatrième mesure était notée si fort que j'eus une note éliminatoire. J'étais écœuré, ainsi que tous mes professeurs, d'autant que cette quatrième mesure ne pouvait s'effectuer avec le commutateur, mais directement avec les deux fils du voltmètre sur les deux bornes des deux cent vingt volts. Il était si facile de me mettre sur la voie ! Je restai convaincu que ma difficulté à parler avait dû jouer défavorablement. C'est ainsi que je n'avais pas eu mon Certificat d'Aptitude Professionnel cette année-là, avec une des plus fortes moyennes des épreuves et même la meilleure note en dessin industriel, mais avec une note éliminatoire.

En fin d'année scolaire avait lieu la remise des récompenses. J'avais le premier prix de dessin industriel. Mon père ne voulut pas y aller avec moi pour ne pas se sentir humilié par mon échec à mon Certificat d'Aptitude Professionnel. J'y allai donc seul.

Pour l'année suivante, j'avais le choix : redoubler ou rentrer dans la vie active. J'optai pour la seconde solution, car j'avais perdu confiance en moi. J'avais peur d'échouer encore une fois. De plus, en redoublant, je serais avec des plus jeunes et j'aurais déjà-vu le programme. Alors il serait mal vu de ne pas être le meilleur. Le serais-je ?

Donc, je recherchai du travail. Un gros installateur en électricité vint au lycée pour recruter. Ceux qui n'avaient pas le Certificat d'Aptitude Professionnel étaient payés un peu moins cher. Je ne pouvais m'y résoudre, étant meilleur que ceux qui se présentaient. Je me voyais mal travailler au rabais tout en étant plus compétent que mes camarades. Je ne me portai donc pas candidat.

Dans cette même fin d'année scolaire, mille neuf cent soixante, les PTT aussi recrutaient, mais pour une formation de régleur de téléimprimeurs. Nous étions deux à nous y intéresser et nous allâmes à Paris pour un petit entretien. Hélas, cet entretien était surtout oral. Je bafouillai lamentablement, je ne me rappelai de rien. J'étais bloqué, dans un trou noir, englué. L'examinateur en arriva à me faire exécuter des multiplications et des divisions. Je n'y arrivai même plus. Je me sentis nul, mauvais, bon à rien. Je fus éliminé et mon camarade reçu. J'étais anéanti.

Comme c'était terrible de bégayer, de ne pouvoir donner facilement un point de vue. Alors, je me taisais ou je me lançais dans la galère qui consistait à essayer de dire à tout prix, avec un effort physique et mental énorme, quelque chose. Oh ! Ce n'était pas un discours philosophique, que d'effort, il m'aurait fallu alors ! Une simple réponse sans réflexion me donnait des sueurs froides accompagnées de pâleur ou de rougeur. Quelquefois, quand c'était trop dur, j'abandonnais un mot pour un autre plus facile, même s'il n'était pas du tout adapté.

Il fallait que je change, que je parle et que je m'exprime normalement, correctement, mais comment ?

Il devait bien y avoir une solution, j'étais convaincu qu'il y en avait toujours une. J'en étais persuadé à cause d'un magazine « Bayard » que j'avais lu pendant toute ma jeunesse. Une bande dessinée se déroulant au moyen-âge où un prince, un jongleur et un forgeron vivaient des aventures très dangereuses. En fin d'épisode, leur vie était menacée. Bien entendu, dans le numéro suivant, ils avaient trouvé la solution pour échapper à la mort. Cette bande dessinée m'avait suivi pendant des années, avait imprimé dans mon cerveau l'idée qu'il y avait toujours une solution à tous les problèmes. Dans mon cas, il y avait sûrement une solution. Mais laquelle ?

J'étais convaincu qu'il y avait une solution pour quitter mon bégaiement.

Chapitre VI
Je commence la vie active et j'apprends à respirer

En ce début juillet mille neuf cent soixante, je n'avais toujours pas de travail. Alors pendant les vacances scolaires, je m'étais inscrit pour un emploi d'été à la poste de Versailles. Quelques semaines plus tard, je prenais mon service, tôt le matin. Je chargeais les sacs postaux remplis de courriers dans les camionnettes qui desservaient les différentes localités des Yvelines. J'oblitérais des lettres sur des machines automatiques. Je retournais aussi des sacs postaux afin de m'assurer qu'il ne restait plus d'enveloppes à l'intérieur. Cette dernière tâche était pénible. Nous respirions beaucoup de poussière et à force de mettre la main au fond du sac afin de le retourner, nous avions la peau au-dessus des ongles toute sanguinolente. Après trois mois de ce travail ingrat, à la suite d'un avis de recrutement sur un panneau d'affichage, je me présentais à Paris pour un poste d'auxiliaire. Je devais effectuer des travaux d'électromécanique. Tout se passa bien car on ne me demanda rien oralement. Enfin, j'étais pris dans ma profession et je pourrais devenir titulaire avec un essai professionnel dès mes dix-huit ans.

Je prenais donc ce poste d'auxiliaire. L'ambiance était relativement bonne, mais surtout, les plaisanteries ne fusaient pas. Mes connaissances théoriques intéressaient les responsables et j'étais estimé.

Reprenant quelque peu confiance en moi, je m'étais inscrit dans un club d'athlétisme pour faire de la course à pied. J'excellais sur les longues distances, des cinq mille mètres, au cross-country jusqu'à dix-sept kilomètres. Je remportais même le cross de l'Humanité en catégorie Junior. Pour réaliser ces performances, j'avais travaillé mon souffle, aidé par divers professeurs.

J'avais en effet remarqué, au tout début de mon entraînement, que mon fort besoin d'oxygène demandé par l'effort physique me faisait inspirer profondément, expirer très peu, inspirer de nouveau profondément et ainsi de suite dans une spirale infernale. Ma respiration se transformait donc en un halètement insuffisant pour les besoins d'oxygène réclamés par mon corps en plein effort. Je m'asphyxiais.

J'appris alors que l'inspiration était un réflexe, contrairement à l'expiration, que je pouvais forcer. Je m'habituai alors à avoir une durée d'expiration supérieure à celle de l'inspiration. En course, quand mon corps réclamait une inspiration sur deux foulées, je réglais mon expiration sur trois. Je gardais cette habitude et l'intégrais à ma vie de tous les jours. Je prenais conscience de ma respiration, en veillant à ce que l'expiration soit toujours au moins égale à celle de l'inspiration. Que ce soit en courant, en marchant, assis sur une chaise, au cinéma, à l'extérieur comme à l'intérieur, je ressentais ma respiration pour agir sur l'expiration. Par exemple, lors d'une promenade, quand j'inspirais sur trois pas, j'expirais sur quatre ou cinq pas.

Cette notion concernant la respiration avec l'inspiration automatique et l'expiration contrôlée de durée plus longue se révélait très importante pour le bègue que j'étais, avec ma tendance à m'asphyxier.

Chapitre VII
Les contractions corporelles m'aident

Mais revenons en cette fin mille neuf cent soixante. J'avais beaucoup de difficultés à parler, à m'exprimer, mon corps se crispait, se tétanisait, ma pensée se brouillait et de ma bouche contractée ne sortaient que des répétitions de mots et des bredouillements. J'avais peur des autres, je ne pouvais pas communiquer. De plus, j'étais très nerveux et des contractions intempestives envahissaient mes muscles, même quand je ne parlais pas. C'était pire quand j'essayais de m'exprimer, ajoutant encore à mon embarras. Je tentais de maîtriser ces muscles, de canaliser cette énergie débordante en les contractant moi-même un bref instant, mais régulièrement, pour qu'ils ne le fassent pas d'eux-mêmes. J'utilisais aussi ces contractions volontaires des muscles quand je parlais. Au fil des jours, je me rendis compte que quand je contractais volontairement mes muscles à chaque syllabe des mots que je prononçais, je bégayais moins et même plus du tout. Dans le même temps, je changeais mon attitude. Je me tenais maintenant bien droit et l'air décidé quand je parlais avec les autres. Mon attitude devenait affirmative.

Fort de cette révélation, malgré ma souffrance, je me mis à faire d'énormes efforts de communication, pour aller vers les autres, tout doucement, selon la théorie de la goutte d'eau (Cf. chapitre IV). Ainsi, par exemple, je m'obligeais à aller acheter le pain chez le boulanger pour demander une baguette. J'en étais complètement tétanisé, mais avec des contractions corporelles synchronisées, en me montrant affirmatif, je parvenais à demander intelligiblement ma baguette.

Ces contractions corporelles invisibles à chaque syllabe et cette attitude affirmative, que je répétais pendant tout le trajet pour me rendre chez ce boulanger et lui demander ma baguette, me permettaient de m'exprimer, certainement de façon monocorde, mais correctement. Même quand le boulanger me demandait si j'en voulais une peu ou bien cuite, je pouvais répondre sans bégayer. J'appliquais cette méthode pour acheter des chaussures, sans sortir du magasin avec une paire de chaussures qui ne me plaisait pas, trop petite ou trop grande. Cette méthode me rendait aussi de grands services dans les magasins de vêtements, pour donner mon avis et dire non éventuellement si ça ne m'allait pas. Le plus dur, c'était d'entrer dans le magasin, de franchir la porte, car une fois à l'intérieur, je savais que la technique des contractions corporelles me permettrait de me débrouiller plutôt bien.

Je n'utilisais cette technique très contraignante que pour une demande à l'extérieur du milieu familial ou professionnel. Si bien que pour ceux qui ne me connaissaient pas, je ne bégayais pas, ou très peu.

Cette façon de faire m'a accompagné tout au long des années soixante et au début des années soixante-dix, ce qui m'a permis d'avoir une vie sociale à peu près convenable. En effet, je voulais aller vers les autres.

En employant la technique de l'attitude affirmative et la contraction des muscles à chaque syllabe, je passai un essai professionnel lors de mes dix-huit ans, en juin mille neuf cent soixante et un, qui me consacra titulaire électromécanicien de quatrième catégorie. J'étais très fier de cette victoire, surtout que j'étais passé directement en quatrième catégorie, en court-circuitant la troisième catégorie.

Dans mon service, je me liais d'amitié avec un collègue d'une dizaine d'années plus âgé que moi. Lui aussi était nouveau. Nous allions au bal le samedi soir et grâce à l'attitude affirmative et aux contractions de mes muscles à chaque syllabe, je réussissais à engager la conversation en dansant et même à faire des conquêtes féminines. Ma timidité se calmait un peu. J'étais engagé dans un cycle de réussites rassurantes.

Cette même année, je repassais avec succès mon Certificat d'Aptitude Professionnel d'électromécanicien. Puis je partais effectuer mon service militaire où je me portai volontaire à la mise au point au sol des appareils de radio des avions car cette tâche m'obligerait à parler. En effet, cela consistait à essayer les postes de radio en émission et en réception sur des fréquences déterminées avec la tour de contrôle et à essayer l'interphone entre les places avant et arrière. Pour y parvenir, je ne devais pas bégayer, je n'avais pas d'autre choix que d'adopter une attitude affirmative et contracter mes muscles à chaque syllabe. J'appris plein de choses intéressantes. D'autant plus que dans la chambre où nous étions trois appelés, il y avait un technicien électronicien d'EDF avec les classeurs de ses cours. Je passai la plus grande partie de mes loisirs à apprendre. J'y prenais grand plaisir et je pensais que cela pourrait me servir un jour.

Avec une attitude affirmative et en effectuant des contractions musculaires volontaires sur chaque syllabe que je prononçais, je ne bégayais plus, comme si je parlais avec mon corps, ce corps que je me réappropriais. Ma vie sociale s'améliorait.

Chapitre VIII
Les limites des contractions corporelles

Si l'attitude affirmative et les contractions de mes muscles à chaque syllabe apportaient une grande amélioration de ma vie sociale, je constatais qu'il n'en était rien dans ma vie familiale et dans mes relations professionnelles habituelles. En effet, je ne pouvais pas être toujours sur le qui-vive pour appliquer ma méthode à chaque syllabe, et quand je baissais ma garde, je bégayais. Or, quand j'appliquais la méthode de l'attitude affirmative et des contractions de mes muscles à chaque syllabe, je me focalisais sur chaque mot prononcé. Toute mon attention était fixée sur la production des mots, pas sur le sens de ce que je voulais dire. Finalement, si cette méthode me rendait de grands services, je l'utilisais peu car avec elle, je ne parvenais pas à briser mon image de bègue dans mon entourage immédiat.

Je continuais donc à utiliser à l'extérieur la méthode de l'attitude affirmative avec la contraction de mes muscles à chaque syllabe, qui me procurait de grandes réussites, mais son côté artificiel et les efforts à fournir m'avaient fait chercher une autre technique qui fonctionnerait dans le cadre familial et dans le milieu professionnel immédiat.

Je repartais donc à la quête d'une méthode qui résoudrait mon problème de fluidité verbale en toutes circonstances.

Plus je stressais, plus j'avais des contractions intempestives ; plus je m'en servais en les contrôlant pour parler, plus je forçais pour expulser les mots, et moins je bégayais.

Moins je stressais (dans le cadre familial ou dans le milieu professionnel immédiat), moins j'avais de contractions intempestives ; moins je m'en servais en les contrôlant pour parler, moins je forçais pour expulser les mots, et plus je bégayais.

Chapitre IX
Un livre m'intéressait

Je cherchais toujours dans les librairies pour trouver une méthode moins contraignante et plus naturelle pour vaincre ce bégaiement. Dans une grande librairie de Versailles, je fus séduit par un petit livre qui avait pour titre « La volonté clé de la réussite » [2] dans la collection « Marabout Flash ». Il contenait quelques pages d'exercices pratiques.

Contrairement à ce que pouvait laisser présager le titre, ce livre ne réclamait pas d'effort, seulement de la persévérance pour acquérir la maîtrise du corps et de l'esprit.

Pour ma part, je m'appliquais à effectuer les exercices pratiques concernant la maîtrise du corps, c'est-à-dire une vingtaine de pages sur les cent quarante-huit que comportait l'ouvrage.

Relaxation des jambes

Ainsi pendant un mois, je fis le premier exercice de relaxation. Sur mon lit, je me couchais sur le dos, un oreiller sous la nuque afin d'avoir la tête un peu en arrière et un coussin sous les genoux.

Les mains près du corps, paumes vers le bas, je respirais normalement en proscrivant tout effort. Je fermais les yeux sans serrer les paupières et je pensais à ma jambe droite, pour la sentir, sans effort de concentration. Je me laissais aller. À chaque expiration, je détendais cette jambe droite en veillant à ne pas la contracter lors de l'inspiration.

Dès que cette jambe droite était lourde, je passais à la jambe gauche, où je pratiquais le même exercice. Une fois les deux jambes lourdes, je restais comme ça, détendu. Souvent, je m'endormais, sinon, après un temps variable, je faisais jouer mes muscles et je quittais la position de relaxation pour en prendre une autre avant de m'endormir.

Relaxation des bras, des mains et des épaules

Pendant les quinze jours suivants, après la relaxation des jambes, je passai à celle des bras et des mains, puis des épaules. J'appliquai la même méthode, je pensais à mon bras et à la main du côté droit que je détendais à chaque expiration, sans contracter les jambes. Une fois le bras et la main très lourds, je détendais l'épaule droite en la laissant s'affaisser à chaque expiration. Quand cette épaule droite était détendue, je passais au côté gauche. Une fois entièrement détendu, bien lourd, je ressentais une impression de paix et ma respiration devenait beaucoup plus ample et profonde.

Au bout de ces six semaines d'entraînement, je me sentais plus calme, mais je n'allais pas m'arrêter en si bon chemin.

Prise de conscience des gestes inconscients

Alors, pendant un autre mois, je m'appliquai à rendre conscients les gestes inconscients comme mettre ses chaussettes, faire du café, se raser, serrer les mains… Surtout sans se concentrer, sans changer ou modifier le geste. Sans me restreindre aux bras et aux mains, mais à tout le corps, comme les mouvements de la tête, des sourcils, de la bouche, sans oublier ceux du cou, des jambes et des pieds.

Après un mois de cet exercice, j'avais conscience de mes mouvements. Je me sentais plus maître de moi, mais je poursuivais mon entraînement.

Détente du visage et jeux avec la parole

Pendant les quinze jours suivants, je pratiquai la maîtrise du visage en prenant conscience des crispations et ensuite en détendant les points de tension constatés.

Pendant ces mêmes quinze jours, je jouai avec la parole, en la considérant comme un geste. Je pris conscience de mon bégaiement de façon très aiguë. Dans le même temps, je changeais mon débit de parole. Ainsi, j'essayais de parler plus vite, ce qui était une catastrophe, je bégayais encore plus. Mais quand je ralentissais mon débit de parole, je bégayais moins. Plus je parlais lentement, mieux c'était. À tel point qu'en parlant très lentement, je m'exprimais correctement, mais la conversation semblait totalement artificielle et je décelais de la nervosité, de l'impatience chez mes interlocuteurs. Je n'utilisais donc pas un débit de parole très lent, mais je m'y amusais quand même pour en acquérir la prise de conscience.

Je me sentais de plus en plus conscient de mon corps, une sensation agréable, qui m'encourageait à suivre mon entraînement.

Tous ces exercices que je pratiquais tous les jours m'apportaient un certain contrôle de mon corps mais je bégayais toujours. Je cherchais pendant des mois un moyen de ne plus bégayer, mais malgré mon entraînement physique, mon langage ne s'améliorait pas. Je sentais que ces exercices me faisaient du bien. Ils m'apportaient de la détente, un certain calme, une respiration plus profonde. J'imaginais le trajet de l'air à l'inspiration et à l'expiration. Pourtant, cet air qui circulait si librement se trouvait bloqué quand je bégayais, et plus j'essayais de sortir une syllabe de ma bouche, plus cette syllabe se bloquait au fond de ma gorge, comme si une porte invisible en bloquait le passage.

Le contenu de ce petit livre avait développé une prise de conscience aiguë de mon bégaiement, pour bien en comprendre le fonctionnement afin de mener à terme la lutte pour le quitter.

La relaxation m'apportait de la détente, un certain calme et une respiration plus profonde.

Je ressentais du bien-être avec la prise de conscience de mes mouvements inconscients.

Chapitre X
Une écluse m'inspirait

En mille neuf cent soixante treize, lors d'un voyage en Alsace, je regardais une écluse sur le canal reliant la Marne au Rhin. J'en observais le fonctionnement au passage de chaque péniche. Le spectacle était reposant. Je remarquais que les portes de l'écluse ne pouvaient s'ouvrir que lorsque l'eau était à la même hauteur de chaque côté de ces portes. À l'inverse, plus les niveaux d'eau étaient différents de chaque côté des portes, plus elles étaient bloquées par la pression de l'eau, et rien n'aurait pu les ouvrir. Afin de faire varier les hauteurs d'eau, des conduites souterraines étaient ouvertes ou fermées par l'éclusier qui faisait passer ainsi les péniches d'amont en aval ou d'aval en amont du canal.

Soudain, une autre image se superposa à mon esprit, je vis, sur cette hauteur d'eau bloquant les portes de l'écluse, l'air de mes poumons bloquant mes cordes vocales. Comme dans une écluse, plus je mettais de la pression sur les cordes vocales, plus elles se verrouillaient. Si cette intuition était bonne, il me faudrait baisser cette pression au niveau des cordes vocales pour éviter qu'elles ne se bloquent. Et si je créais une fuite en laissant passer un souffle d'air pour éviter qu'elles ne se ferment ? Alors je soufflais un peu en disant un mot difficile. Je le disais correctement, sans bégayer. Je me rendais compte qu'en laissant échapper, en début de phrase, un filet d'air entre mes lèvres, je laissais échapper le même filet d'air entre mes cordes vocales qui ainsi ne se bloquaient pas. Je parlais sans bégayer ! Alors je parlais, je parlais… J'essayais cette technique tout le reste de la journée. Je ne bégayais plus. Il en était ainsi les jours suivants. Pourtant, je rechutais car je m'habituais tellement à ne plus bégayer que je n'y pensais plus et alors les vieilles habitudes ressurgissaient. Il me suffisait d'appliquer la méthode du filet d'air en début de phrase pour que je parle normalement. Plus le temps passait, plus je prenais conscience de ce souffle d'air, et plus je prenais confiance en moi, car je savais que je pouvais ne plus bégayer, à volonté, sans effort.

Je parlais maintenant sans bégayer, en toutes circonstances ; je prenais conscience que la respiration, pendant la prise de parole, était différente de la respiration « normale ». En effet, la respiration « normale » s'effectuait en deux temps, avec une inspiration égale ou un peu plus courte que l'expiration. Alors qu'en parlant, la respiration se modifiait profondément. L'expiration durait beaucoup plus longtemps que l'expiration !

Le temps d'inspiration correspondait à la ponctuation du discours, virgules et points, alors que celui de l'expiration correspondait, lui, à l'émission sonore. Le contrôle de la progressivité d'émission d'air en permettait la durée ainsi qu'une pression correcte. De plus, cette respiration s'effectuait sans essoufflement ni inspiration sonore. D'autre part, je constatais que ma respiration devenait abdominale.

Curieusement, dans ma bouche, il se passait des choses que je ne comprenais pas quand je prononçais les mots, à l'inspiration comme à l'expiration. Je m'apercevais que pendant l'inspiration, ma bouche préparait la voyelle du premier phonème, même s'il ne commençait pas par une voyelle. À l'expiration, ma bouche continuait à préparer les voyelles de chaque phonème que je prononçais, même s'ils commençaient par une consonne, tant que le filet d'air s'échappait d'entre mes lèvres. Tout se passait comme si le filet d'air passait à travers les voyelles de chaque phonème. Et comme les voyelles, contrairement aux consonnes, ne rétrécissaient pas ni n'arrêtaient le passage de l'air, elles ne pouvaient qu'améliorer la fluidité verbale.

La contrainte du filet d'air sur lequel je parlais avait certainement remis en fonction les automatismes d'avant mon bégaiement.

Ainsi, pour ne plus bégayer, il me suffisait de laisser s'échapper un filet d'air ininterrompu d'entre mes lèvres, sans forcer, du début à la fin de la phrase verbale.

Quand ce n'était pas suffisant pour ne plus bégayer, j'inspirais en préparant ma bouche à la prononciation de la voyelle du premier phonème, puis je laissais s'échapper un filet d'air ininterrompu d'entre mes lèvres, à travers les voyelles de chaque phonème, sans forcer, du début à la fin de la phrase verbale.

Chapitre XI
Prise de conscience de la parole avec un magnétophone

Le petit livre « La volonté clé de la réussite » partait du principe que la prise de conscience apportait la maîtrise. Pour ma part, je m'étais attaché à la prise de conscience du corps pour en acquérir sa maîtrise. Cela se passait sans effort, inconsciemment.

J'appliquais aussi ce principe à ma voix, en m'enregistrant avec un petit magnétophone. Au début, je gardais la première bande pour évaluer les progrès réalisés. Ce principe fonctionnait bien, l'écoute de mes propres paroles apportait inconsciemment des améliorations. Mon débit de parole devint plus assuré, plus fluide, plus agréable à entendre.

Je m'y entraînais, surtout parce que je pouvais effectuer ces enregistrements en toute discrétion :

a) au téléphone ;

b) en expliquant quelque chose, par exemple ce que je venais de lire, à haute voix, à moi-même ou à un auditeur fictif ;

c) pendant une lecture à haute voix ;

d) en camouflant le magnétophone pour m'enregistrer pendant les conversations.

Chapitre XII
Je m'habitue à la facilité

Depuis que mon bégaiement m'avait quitté, il me semblait que le temps se dilatait. En effet, quand je parlais, dans la même durée qu'avant je pouvais, correctement, dire trois fois le même discours ; ce que je faisais. L'interlocuteur avait compris, mais je recommençais l'explication, puis une autre fois encore, comme si je ne voulais pas que ça aille si vite.

J'étais comme le conducteur d'une voiture qui aurait roulé avec les freins serrés et qui, après réparation, une fois les freins desserrés, aurait trouvé que la voiture allait trop vite. Il me fallait donc m'habituer à cette vive allure, à cette facilité.

C'est un cours de lecture rapide [3] qui me révéla les possibilités de cette vitesse. En effet, plus je lisais vite, mieux je comprenais car j'étais mieux concentré, mais surtout, mon cerveau ne pouvait plus s'intéresser aux mots, mais au sens des phrases. Le passage des mots au sens des phrases ! C'était le passage de bègue à non-bègue !

Je m'appliquais donc à ressentir cette vitesse (qui n'a rien de dangereuse, contrairement à celle qui est pratiquée sur la route), à apprendre à l'aimer, à apprécier la facilité au lieu de m'en défendre. À me laisser aller, pour découvrir, apprendre, apprécier les instants présents.

Avant, je percevais la parole des autres comme un jugement qui me renvoyait mes peurs : peur de mal faire, peur d'être nul, peur de ne pas être brillant…

Maintenant que j'étais réconcilié avec la parole, je ne la considérais plus comme un jugement, je traversais mes propres peurs avec mon propre jugement, je pouvais donc agir dessus. Elles ressemblaient, d'ailleurs, à des coquilles d'autant plus vides que j'en avais éprouvé des craintes.

> Je passais des mots au sens des phrases, comme un automobiliste ne regarde pas la route juste devant ses roues, mais plus loin, afin d'anticiper les aléas de la circulation.

Chapitre XIII
J'attends au moins deux secondes avant de répondre à une question

Je me sentais libéré et j'entrevoyais la possibilité de réussir un concours de cadre (Inspecteur Élève) qui comportait un oral important. En préparation pour cet oral, j'y appris qu'il ne fallait jamais répondre immédiatement à une question posée, mais prendre son temps, même si on connaissait parfaitement la réponse. En effet, une réponse immédiate pouvait s'interpréter comme émanant de quelqu'un que ne réfléchissait pas. Auparavant, je croyais, au contraire, que cela dénotait une bonne maîtrise du sujet !

Il fallait donc que je me calme, que je mette un délai entre la question et la réponse. Je m'appliquais alors à attendre au moins deux secondes avant de répondre à une question, même simple, et beaucoup plus si nécessaire. Deux secondes, c'était court et long en même temps. C'était incroyable ce que je pouvais réfléchir en deux secondes. De plus, cette temporisation de deux secondes mettait une distance rassurante entre l'interlocuteur et moi.

Avant, quand je répondais immédiatement, je me trouvais en situation de blocage émotionnel, pouvant aller jusqu'à ne plus rien savoir.

Grâce à ce délai d'au moins deux secondes que j'avais intégré dans mes habitudes, je prenais mon temps avant de répondre, sachant qu'entre la question et sa réponse, j'avais une liberté de choix que je mettais à profit en réfléchissant à la réponse qui me semblait la meilleure, pour pouvoir la défendre ensuite. J'échappais ainsi au blocage émotionnel. De toute façon, cette réponse était forcément meilleure que pas de réponse du tout.

J'agissais ainsi au mieux de mes intérêts, en étant moi-même, en prenant mon temps, en prenant le temps de comprendre la question, en la reformulant au besoin :

— Vous me demandez… en parlant lentement, de manière calme et réfléchie et non comme un « moulin à parole ».

1 – J'attendais au moins deux secondes avant de répondre à une question. 2 – Je mettais à profit la liberté de choix offerte par ce temps d'au moins deux secondes. 3 – Je m'exprimais lentement, en réfléchissant.

Chapitre XIV
Réussite à un concours et découverte de l'Analyse Transactionnelle

Je travaillais quelques années à ce concours d'Inspecteur Élève avant d'y être reçu. La formation durait un an et le choix des postes avait lieu deux à trois semaines avant la fin. Le moment venu, je choisis de revenir dans mon ancien service comme responsable d'équipes de contrôle.

Hélas, je regrettais bien vite ce choix. En effet, j'appris vite qu'il se trouverait toujours quelqu'un qui me dirait :

— Tu ne te rappelles pas quand tu étais avec nous, comment tu faisais ?

Je ne voyais pas comment me sortir de ce guêpier. Surtout que je pouvais difficilement affronter les autres. Ainsi, je me contentais souvent, ou d'être d'accord, ou de fuir la discussion. Pourtant, il y aurait des circonstances où je ne pourrais pas reculer.

En fin de formation d'inspecteur, deux jours étaient réservés à l'initiation à l'Analyse Transactionnelle [4]. Ces deux jours furent pour moi une révélation.

J'y appris que le fonctionnement de chaque être humain se décomposait en trois états du Moi, un Parent qui donnait les ordres parentaux, un Adulte qui représentait l'ordinateur et un Enfant avec ses émotions. Ces trois états du Moi pouvaient se représenter par trois ronds superposés, celui du Parent au-dessus, celui de l'Adulte au centre et celui de l'Enfant au-dessous. Qu'il était normal de passer d'un état du Moi à un autre, même très rapidement. Que l'on avait un mode de fonctionnement privilégié, mais aussi que l'on pouvait se heurter au blocage d'un élément. Ainsi, j'avais le droit d'exprimer les émotions de mon état enfant, normalement, puis, par exemple, de passer dans mon état adulte ou parent. Et moi qui vivais avec un blocage émotionnel, qui n'osais pas dire mes émotions, spontanément, naturellement, que de temps perdu !

J'appris aussi que l'Analyse Transactionnelle résolvait les difficultés de communication entre les humains. En effet, quand on était deux, il y avait en réalité six états du Moi qui communiquaient (deux Parents, deux Adultes et deux Enfants). Quand trois personnes étaient impliquées, neuf états du Moi étaient impliqués, et ainsi de suite.

Et que tant que l'on ne croisait pas les transactions, c'est-à-dire l'échange entre les états du Moi, la communication se passait bien. À l'inverse, si on les croisait, c'était le drame.

Par exemple, si le Parent du responsable disait à l'Enfant du subordonné :

— Tu as vu l'heure ?
En regardant sa montre, et que le subordonné n'était pas dans son Enfant mais dans son Parent lui aussi, il répondait :

— Et alors ? J'en fais moins que les autres ?
En s'adressant à l'Enfant du responsable.

Si la communication restait à ce niveau, c'était le drame, mais si on en connaissait le fonctionnement, on la rétablissait normalement. En effet, si l'Adulte du responsable s'était adressé à l'Adulte du subordonné, il lui aurait dit :

— J'aimerais que tu arrives à l'heure.
Et il y avait toutes les chances pour que la demande soit prise en compte sans discussion ni rebuffade.

J'y appris aussi que les êtres humains avaient besoin de reconnaissance et qu'il fallait donner des signes de cette reconnaissance. Ainsi, dire ce que l'autre faisait de bien et de mal, et ne pas se concentrer que sur ce qui était mal. On ne m'avait pratiquement jamais dit que j'avais fait quelque chose de bien ! Quelle révolution dans ma conduite avec les autres ! Ce besoin de reconnaissance était tellement fort que lorsque l'individu n'en recevait pas, il provoquait une reconnaissance négative. Tels ces enfants, lors de fêtes de famille, qui, quand on ne s'occupe pas assez d'eux, font des bêtises. Ils provoquent des altercations, mais, ainsi, ils se sentent exister.

Ainsi, j'avais le sentiment profond que j'arriverais à maîtriser mes relations avec les autres, même dans les situations les plus délicates. C'était donc très confiant que j'intégrais mon ancien service.

En effet, j'encadrais des équipes, je donnais des signes de reconnaissance et j'intervenais en gardant à l'esprit les trois états du moi – Parent, Adulte et Enfant – et tout se passa bien. Certains techniciens m'avouèrent m'avoir attendu « au tournant », mais ils n'avaient pu passer à l'action. Un autre regrettait de n'avoir pas eu un père comme moi. Tous se sentaient heureux de travailler avec moi, et leur confiance en eux augmentait ainsi que leur motivation à se surpasser. Le rendement augmentait dans la sérénité. On me demanda même d'intégrer dans mes équipes des éléments perturbateurs. Très rapidement, ils étaient pris au jeu et ne posaient plus de problèmes, faisaient preuve, au contraire, de grandes qualités. Pourtant, je ne manipulais pas ; je m'efforçais d'être droit et honnête. Je ne trichais pas, mais je disais franchement ce que je pensais, y compris quand c'était bien.

Tout alla très bien jusqu'à ce qu'un regroupement de service intervienne. Il n'y avait plus de place pour moi et je devais trouver un point de chute. J'en étais heureux car mon travail commençait à devenir « rengaine ». Et puis, à chaque fois que j'avais changé de service, je m'en étais toujours trouvé mieux. Je cherchai donc avec confiance un travail intéressant. Une opportunité que je saisis au passage me permit de mettre le pied dans les réseaux câblés de vidéocommunications sur l'Île-de-France. Je me sentais bien, sûr de moi.

L'Analyse Transactionnelle, par son explication rationnelle des relations entre les individus, me rassurait et me donnait confiance en moi vis-à-vis des autres.

De plus, elle m'autorisait à exprimer les émotions de mon côté Enfant. Moi qui vivais avec un blocage émotionnel, qui n'osais pas dire mes émotions, je me mis à les ressentir et à les dire.

Chapitre XV
Où un rêve me conduit à une extrémité d'écharpe

Cette nuit-là, j'avais fait un rêve. Sur un monticule, une grande aiguille oscillait, sur sa pointe, de droite à gauche. Elle regagnait toujours son équilibre. Puis je devenais cette aiguille, toujours en équilibre entre le faire et le ne-pas-faire, entre le dire et le non-dire, entre se livrer et ne pas se livrer, entre y aller et ne pas y aller, s'engager et ne pas s'engager.

Je ressentais cet état d'équilibre en permanence. J'avais la conviction que cette frontière que je côtoyais, entre le oui et le non, participait au bégaiement et pourrait même en être la cause. En effet, le désir de parler qui luttait avec le désir de se retenir de parler ne pouvait qu'accentuer et même provoquer le bégaiement.

Cette frontière pourrait aussi être celle qui sépare les autres de moi. Mes actions seraient alors en équilibre entre ce que je voulais faire et ce que les autres voulaient que je fasse. Ce qui renforçait cette idée, c'est que je me regardais à travers le regard des autres, pour agir comme ils le désiraient afin de leur donner une impression favorable. Pour être bien accepté ? Par manque de confiance en moi ?

Il me fallait donc gagner mon autonomie vis-à-vis des autres. C'est alors que je me rappelais un jeu que j'avais pratiqué lors d'un stage d'Analyse Transactionnelle. Ce jeu se pratiquait à deux, avec une écharpe. Chacun se mettait à une extrémité et nous devions communiquer en restant à notre place, c'est-à-dire chacun à son bout d'écharpe, sans penser à ce que l'autre pensait de ce que l'on disait, sans jamais se mettre à sa place, en restant à son bout d'écharpe.

Je décidais alors d'utiliser cette écharpe, de ne plus me regarder au travers du regard des autres, mais du mien, et de réaliser mes désirs et non ceux des autres.

Avant, je me sentais responsable de ce que les autres ressentaient, faisaient. En utilisant le modèle de l'écharpe, j'étais seul responsable de ce que je ressentais et de ce que je faisais, et les autres étaient seuls responsables de ce qu'ils ressentaient et de ce qu'ils faisaient.

Comme la temporisation d'au moins deux secondes avant de parler, cette écharpe mettait une distance rassurante entre l'interlocuteur et moi.

Cet état d'esprit avait changé mes rapports avec les autres. Ces rapports étaient devenus plus sains et plus harmonieux. J'existais enfin pour moi.

Je décidai :

a) de me regarder au travers de mon propre regard et non au travers du regard des autres,

b) de réaliser mes désirs et non ceux des autres

c) d'être seul responsable de ce que je ressentais et de ce que je faisais, alors que les autres étaient seuls responsables de ce qu'ils ressentaient et de ce qu'ils faisaient.

Je prenais ce qui était bon pour moi et je refusais ce qui pouvait me porter préjudice.

Ainsi, je me respectais en prenant en compte mes propres besoins. Je me mettais à mon service.

Chapitre XVI
Temporisation et mini-scénarios

Aussi loin que je m'en souvienne, je reportais à plus tard ce que je devais faire. Cette temporisation me minait, m'empêchait d'agir, car l'action ensuite ne venait plus et se reportait toujours. Ou alors, c'est en faisant d'énormes efforts que j'arrivais à agir, à faire ce que j'avais reporté bien des fois. En outre, en m'observant attentivement, je constatais que lorsque je lisais, je faisais de nombreux petits retours en arrière. Cela mangeait toute mon énergie.

Malgré mes efforts, je ne pouvais me défaire de ces blocages qui, étrangement, ressemblaient à mes bégaiements. À cette différence près que dans la parole, je ne pouvais pas faire de petits retours en arrière ni remettre à plusieurs jours le fait de terminer une phrase sans que cela ne se remarque. Quand je parlais, je voulais dire, mais en même temps, je m'interdisais de dire. J'étais pris entre le dire et le faire, entre le faire et le non-faire, entre le faire et la fuite, comme si une voix me disait : « Ne fais pas, ne réussis pas ». Je retrouvais ce phénomène dans la lecture et dans mes actions.

Je formais un tout et mes bégaiements n'étaient qu'un révélateur de ce que je faisais, à la différence que mon bégaiement s'entendait alors que mes temporisations passaient plus inaperçues. Quand je remettais à plus tard et qu'alors je déployais beaucoup d'efforts pour réaliser la tâche, j'étais le seul à le savoir. Je constatais donc que je bégayais même dans les actes de ma vie. C'est ainsi que, alors que ma parole était fluide, « je bégayais » en racontant plusieurs fois la même chose à mes interlocuteurs, alors qu'ils avaient déjà compris. J'en étais pénible.

Mon bégaiement affectait donc mon être tout entier. Quelle découverte ! J'avais résolu mon problème de fluidité verbale, mais maintenant, j'allais devoir attaquer le bégaiement de ma personnalité.

En m'observant, je constatais que lorsque je devais faire quelque chose, l'instant de basculement entre le faire et le non-faire se situait très peu de temps après la venue de la tâche à effectuer. À ce moment encore, je constatais une grande similitude entre le temps qui séparait la répétition des mots du bègue et celui qui séparait la tâche à accomplir de la prise ou non de la décision de la réaliser. Au maximum quelques secondes. C'est donc sur ce très court laps de temps qu'il me fallait agir pour changer mes habitudes.

Je me souvins alors que l'Analyse Transactionnelle traitait de ce très bref moment au chapitre des mini-scénarios, qui duraient sept secondes au maximum et qui entraînaient les scénarios de vie. Pour changer les scénarios de vie, il fallait agir sur les mini-scénarios qui délivraient les messages contraignants.

J'étais persuadé que le bègue était poussé par le mini-scénario « Ne fais pas ».

Avec un message contraignant : « Tu es bien si tu fais des efforts. Essaie ! » et un message inhibiteur : « Ne réussis pas. Arrête-toi, ne finis pas, ne termine pas, pour échouer ! »

Ou encore il peut se dire : « Regarde, je n'existe pas » pour faire plaisir, pour être accepté, car quelqu'un qui n'existe pas n'est pas dangereux.

Il peut aussi se complaire dans le non-être en se disant : « Je suis bien car je ne fais rien ». L'injonction correspondante est : « Ne sois pas, n'existe pas ».

Le bénéfice final était un sentiment d'impuissance. Ce mini-scénario aboutissait à ne rien faire, ce qui était plus confortable qu'échouer. Il me fallait donc modifier ce mini-scénario pour sortir de ce cercle infernal en me donnant une autorisation d'agir. Alors je me disais maintenant :

— Je n'imaginais pas à quel point, aujourd'hui, j'ai le droit et l'autorisation d'agir, de terminer rapidement avec facilité et d'en éprouver du plaisir.

Donc, je faisais et je réussissais. Je gagnais plus de confiance en moi. J'avais ainsi la confirmation de mes ressentis et la preuve qu'il suffisait d'agir pendant ces brefs moments, de transformer une habitude négative en habitude positive pour réaliser mes aspirations. L'habitude négative, c'était comme une voix dévalorisante qui m'empêchait d'agir, il fallait que je la remplace par une voix valorisante qui autoriserait l'action immédiatement.

La parole, pour être libérée, devait être action, mais non cet équilibre instable entre action et inaction. Action pour vouloir dire ou faire et inaction imposée par la voix intérieure dévalorisante. Ce conflit intérieur, se déroulant au même instant entre le vouloir dire et l'interdiction de dire, conduisait au bégaiement.

Si je voyais que je mettais en place un mini-scénario de fuite, comme reporter à plus tard, il fallait immédiatement faire et le faire à chaque fois que le mini-scénario se montrait. Au fil du temps, avec de l'entraînement, cela devenait facile. Comme le mini-scénario entraînait le scénario de vie, si je modifiais les mini-scénarios, je modifiais le scénario de vie.

Ainsi, l'action s'effectuait dans la quasi-immédiateté. Elle devait être suffisamment rapide pour que le mini-scénario incriminé, nocif, soit remplacé, car il fallait le combattre dans l'instant.

Je remplaçais la voix dévalorisante qui empêche l'action par la voix qui l'autorise en me disant, plusieurs fois par jour, pour que ce droit et cette autorisation pénètrent toutes les fibres de mon corps :

— J'ai le droit et l'autorisation d'agir, de terminer rapidement avec facilité et d'en éprouver du plaisir.

Chapitre XVII
Je m'exprime en décodant des images

Dans le nouveau service où j'avais été nommé, je devais résoudre les problèmes qui surgissaient sur les réseaux câblés de la région d'Île-de-France. Avec mon responsable, je participais à de nombreuses réunions qui regroupaient les différents responsables des autres régions, les constructeurs de matériels, les installateurs de ces matériels et les ingénieurs aux connaissances très pointues des réseaux câblés. Je préparais souvent ces réunions, notamment sur les sites, et j'en assurais le suivi. Les rapports que je rédigeais à chacun de mes déplacements ne satisfaisaient pas la hiérarchie. De même, quand j'intervenais en réunion, je ne bégayais pas mais mes explications n'étaient pas claires. Mon responsable me proposa un stage de français d'une semaine. Il se révéla un échec car seuls comptaient l'orthographe et la rédaction de lettres, choses que je connaissais déjà. La clarté d'expression à l'oral et à l'écrit était laissée de côté.

Alors je repartais à la pêche aux livres. J'en cherchais un qui m'aiderait à m'exprimer et à écrire correctement. Après de longues recherches, je trouvais « La méthode SPRI » [5] de Louis Timbal-Duclaux aux éditions Retz. Ce livre, axé sur la résolution de problèmes, d'une grande limpidité, m'apprit à structurer ma pensée. Cette méthode (Situation, Problème, Résolution puis Information) me permit de sérier correctement mes idées en commençant à situer le problème, à le décrire, à donner la ou les solutions, puis les informations complémentaires. Elle clarifiait ma façon de poser les problèmes pour rechercher collectivement d'autres solutions que celles qui sont trouvées quand elles s'avèrent insatisfaisantes. Ma façon d'écrire et de rédiger ne subissait plus de critiques. Je ne voyais plus ces visages qui me regardaient l'air catastrophé par ma façon de m'exprimer, les mêmes que je trouvais quand je bégayais.

Je me rendais alors compte que je pensais en « parallèle », c'est-à-dire que je voyais très bien la situation en bloc, que je percevais éventuellement comment la modifier pour faire cesser le problème, mais je ne pouvais pas « sérier » ma pensée, fonctionnement obligatoire pour parler et pour écrire. C'était comme si ma pensée se trouvait dans la partie large d'un entonnoir, sans pouvoir en sortir par le petit bout. Tous les bègues étaient-ils ainsi, voyaient-ils les situations globalement, sans pouvoir les hiérarchiser ensuite pour la parole et l'écrit ? Pour moi, c'était le cas. Par exemple, quand je remplissais un chèque, de prime abord, je ne savais pas remplir la somme en lettres, je me la répétais alors mentalement, au rythme de l'écriture.

Je décodais donc verbalement ce que je voyais en images. Ainsi, je cherchais les mots pour dire ma pensée « imagée », ce qui rendait mon discours difficile à comprendre. « La méthode SPRI » m'avait donc fait prendre conscience de ma difficulté et, de plus, m'aidait au décodage de mes images mentales en les classant de façon à être mieux compris des autres, mais je cherchais toujours les mots, ce qui nuisait à l'expression de ma pensée et nuisait à toute spontanéité verbale.

Chapitre XVIII
Le langage intérieur

Je vivais en dedans de moi. Je bouillonnais même, mais l'action était difficile. C'était comme un feu qui me consumait. Pourtant, je savais qu'il fallait que je pense l'action, mais je restais bloqué, coincé. Que faire pour que cette énergie interne s'exprime à l'extérieur ? Je faisais des efforts constants pour agir un peu. Comment faire sauter ce verrou ? Où se situait la pédale d'embrayage ? Le moteur tournait, chauffait, sans produire d'énergie. Était-ce mon émotivité qui me bloquait ? Mon manque de projets, d'objectifs, devais-je le considérer comme en Programmation Neurolinguistique, en imaginant ce que je ressentirais quand je les aurais atteints ?

Je voyais en images toutes les situations et toutes les conséquences de mes actions. Ainsi, une conséquence possible d'une action faisait que je ne voulais plus la faire, puis une autre conséquence possible faisait que je le voulais, et ainsi de suite. Comme le cerveau est inventif !

Je repensais aussi aux difficultés quasi insurmontables que j'avais rencontrées lors d'une formation, en mille neuf cent soixante dix, sur un système de téléphonie, quand il fallait me rappeler le fonctionnement de dizaines de relais, chacun comprenant de nombreux contacts. Je fus même accusé de ne pas m'intéresser à ce que je faisais. Pourtant, j'y déployais une énorme énergie. Quelques années plus tard, on me demanda d'expliquer le fonctionnement de cette même cascade de relais à un nouveau venu dans le service. Je lui en expliquais brillamment le fonctionnement. Je m'étonnais, comment était-ce possible ?

Le fait d'expliquer à quelqu'un avait débloqué mon savoir à mon insu. Et si c'était le fonctionnement normal du cerveau ? Et si expliquer débloquait les situations de mémorisation et d'action ? Alors j'essayais ! Quand, mentalement, j'expliquais quelque chose à quelqu'un ou à moi-même, la situation s'éclaircissait et l'action s'enclenchait sans peine. Pourquoi ?

Parce que je pensais en parallèle en images, et que je décodais ces images pour les dire en série afin de m'exprimer. Ainsi, j'avais un problème pour ouvrir le grand sac du savoir et de l'action alors que dire, écrire, agir, oblige à sérier des choses simples. Ce grand bloc du savoir et de l'action, toute cette énergie piaffante, avait besoin de la parole pour s'exprimer. Cette parole agirait alors comme un embrayage de voiture, utilisant le moteur et l'énergie du réservoir qui contient le savoir et les possibilités.

Chaque fois que mon discours intérieur fonctionnait, je devenais plus efficace, même quand je devais effectuer des tâches physiques. Le simple fait de me dire « je vais..., je fais... », le travail s'effectuait sans effort, comme si mon énergie était transmise dans l'action, sans perte, sans avoir à lutter pour agir.

Avant, je me sentais comme une grosse pelote, prête à exploser, mais inutilisable. Je ne trouvais pas le bout de fil me permettant de dévider cette pelote. Ce fil, je le trouvais enfin dans l'explication mentale à une personne fictive ou à moi-même, il n'y avait qu'à le tirer. Tout devenait alors facile. Surtout qu'en plus, s'expliquer, se parler « remettait les choses en place ». Les oublis et les incohérences surgissaient et mettaient sur la voie de la connaissance et de l'action.

Avant, je me sentais comme une grosse pelote, prête à exploser, mais inutilisable. Je ne trouvais pas le bout de fil me permettant de dévider cette pelote. Ce fil, je le trouvais enfin dans l'explication mentale à une personne fictive ou à moi-même, il n'y avait qu'à le tirer.

Maintenant, les images mentales se transformaient, par le discours intérieur, en pensées et en actions cohérentes.

Chapitre XIX
Je m'autorise

Je repense à l'exemple du chapitre précédent, où, comme technicien, quand j'apprenais un système de téléphonie, je n'arrivais pas à comprendre, et encore moins à retenir le fonctionnement des dizaines de relais afin d'établir une communication téléphonique. Pourtant, le jour où je dus en expliquer le fonctionnement à un nouveau collègue, par miracle, tout devint clair et évident.

Le manque de langage intérieur, très important, n'était peut-être pas la seule cause et il y en avait sans doute une deuxième qui se cachait derrière. Cette deuxième cause me rappelait une aventure qui m'était arrivée quelques années auparavant. Je sortais d'une gare, une nuit, et un employé de la SNCF, seul, près de la retraite, petit et gringalet, refusait le billet que j'avais pourtant payé. Je commençais à me justifier sans pour autant pouvoir échapper à la contravention, quand, derrière moi, un autre usager me dit :

— Tu ne vas quand même te faire embêter par lui, passe !

Et je passai sans encombre. Pourquoi ne l'avais-je pas fait de moi-même ? Parce que j'avais besoin que l'on me donne l'autorisation ! Et c'est cette autorisation que j'avais reçue quand je devais expliquer un fonctionnement à un collègue. *On m'avait donné l'autorisation de savoir, de le dire et de le faire savoir !*

Je me donnai donc les autorisations de : désirer savoir, désirer dire, désirer faire savoir que je sais et désirer faire savoir que je veux savoir.

Désirer impliquait avoir en tête un objectif, ce qui aidait la verbalisation intérieure. Ainsi, si je commençais mes actions avec, en tête, le résultat recherché. Je ne pensais donc plus aux efforts à fournir.

Pour bien m'imprégner de cette autorisation, je me répétais plusieurs fois par jour :

— Je n'imaginais pas à quel point j'ai le droit et l'autorisation de désirer, de désirer savoir, de désirer dire, de désirer faire savoir que je sais et de désirer faire savoir que je veux savoir.

Chapitre XX
L'inversion des réflexes comme solution

Lors d'un festival du vent, sur le plateau du Val d'Albian, à Saclay, j'essayais un cerf-volant de combat. C'était un petit losange de papier d'environ cinquante centimètres de hauteur avec une armature de bambou refendu, dont la hauteur du triangle isocèle du nez était plus petite que celle du triangle isocèle arrière. Cette armature était composée d'une baguette verticale dans le sens de la hauteur et une autre baguette en arc de cercle reliant les deux pointes de chaque côté. Son invention était millénaire mais son pilotage, très astucieux, avec un seul fil, restait délicat. En effet, quand la pression s'exerçait sur la surface du papier, il volait dans la direction de son nez. Pour le faire changer de direction, il suffisait d'annuler la pression sur le papier en relâchant du fil, puis de tirer pour remettre de la pression quand le nez du cerf-volant se trouvait dans la bonne direction. Il y filait alors à toute vitesse. Si le pilotage semblait simple, la pratique obligeait à inverser ses réflexes. En effet, quand le cerf-volant, par exemple, piquait vers le sol, il fallait lâcher du fil pour qu'il puisse changer de direction alors que mes réflexes me poussaient à tirer encore plus sur le fil : le cerf-volant accélérait et s'écrasait au sol, heureusement sans grands dégâts. Avec un peu d'entraînement, je réussissais à inverser mes réflexes et je prenais un grand plaisir à ce pilotage.

L'année suivante, je participais à un combat de cerfs-volants, avec le même type d'appareil. Le combat consistait à couper le fil de l'adversaire. Dans ce dessein, les fils étaient enduits de minuscules brisures de verre, très coupantes. Mon cerf-volant, comme ceux des autres, était tenu par un aide à cinquante mètres. J'étais très concentré sur son pilotage, prêt à l'inversion de mes réflexes pour qu'il monte droit dans le ciel. Je ne réfléchissais plus, je n'étais que sensations, afin de mieux ressentir les réactions de mon cerf-volant. J'étais heureux.

Et pour ressentir les mêmes sensations de bonheur pour parler, m'exprimer, suffirait-il d'inverser mes mauvais réflexes ? De ne plus penser ? De faire confiance à mes sensations ?

Comme je ne risquais rien à essayer d'inverser mes réflexes, j'ai donc décidé :

a) qu'au lieu d'avoir peur des blancs dans la conversation, je les privilégierai pour me laisser le temps d'intégrer ce que me dira mon interlocuteur, ou lui laisser le temps d'intégrer ce que je lui aurai dit ;

b) quand j'éprouverai une difficulté sur un mot difficile, au lieu de forcer, je me détendrai, je me relaxerai, comme pour le pilotage du cerf-volant ;

c) quand je bafouillerai, au lieu de le minimiser, je m'en amuserai ouvertement, comme je m'amusais d'une erreur de pilotage ;

d) quand je chercherai un mot, je le signalerai gestuellement et j'accepterai que l'on m'aide à le trouver et même que l'on me coupe la parole, comme j'acceptais un conseil pour mieux piloter en prenant ma place de pilote ;

e) et quand je bégayerai, je le prendrai comme une farce d'un ami, comme je le prenais quand ce cerf-volant malicieux me jouait des tours.

Je me réconciliais avec moi-même.

Chapitre XXI
Le geste de parole

Décidément, ce combat de cerfs-volants me poursuivait. Dans cette compétition, je m'oubliais, j'étais une chose. Je ne réfléchissais plus à ce que je devais faire, tout entier dans l'action, attentif aux moindres réactions de mon cerf-volant. Mais j'étais, tout simplement, sans étiquette, sans frime, sans me mettre en dessous ni au-dessus de ma valeur, confiant et heureux.

Cette situation, où le cerveau semblait au repos, sans réfléchir, je l'avais déjà vécue sans y prêter attention, quand je conduisais ma voiture. Je ne réfléchissais pas pour savoir sur quelle pédale appuyer pour démarrer, aller plus vite ou freiner. Là aussi, j'étais attentif aux réactions de mon véhicule, à la signalisation routière et aux autres usagers de la route. Mon corps possédait donc sa propre intelligence en qui je faisais, je m'en rendis compte, entièrement confiance et cette confiance était bien placée. Je découvrais que je n'étais plus un être intelligent possédant un corps, mais un « corps intelligent » à qui je confiais ma vie, capable de prendre de bonnes initiatives dans l'instant.

D'ailleurs, ce « corps intelligent » était mon meilleur allié dans les situations dangereuses. En effet, un hiver, sur une route verglacée, quand je pensais à ce qu'il fallait faire, ma voiture s'écartait de la trajectoire mais quand je faisais confiance à mon « corps intelligent », en le laissant faire, tout se passait bien. Une autre fois, je conduisais en tractant une caravane sur l'autoroute quand, soudain, cette dernière, à une centaine de kilomètres à l'heure, se mit à danser d'une roue à l'autre. Dans un tangage important, les roues arrière de ma voiture perdaient leur adhérence quand une roue de la caravane s'élevait, puis l'adhérence reprenait quand la roue retombait et tout recommençait quand l'autre roue de la caravane remontait, et ainsi de suite. Aussitôt, il se produisit un grave conflit entre l'image dans mon esprit et le corps pensant pour sortir de cette situation. Mon cerveau me demandait de franchir le rail de sécurité pour sortir de l'autoroute, alors que mon corps pensant luttait pour stabiliser l'équipage en accélérant quand la caravane avait une roue en l'air, et enlevait l'adhérence des roues arrière de la voiture, en freinant dès la reprise d'adhérence de la voiture et ainsi de suite. Je fis le choix de faire confiance à mon « corps intelligent » et tout rentra dans l'ordre sans gros dégâts. Si j'avais fait confiance à l'image que m'imposait mon cerveau, je n'ose penser à ce qui serait arrivé. Le rail de sécurité était infranchissable et vouloir rouler à l'extérieur de ce rail avec une caravane relevait de la plus grande imbécillité.

Quand je rapprochais ces deux cas avec le bégaiement, j'y voyais une grande similitude. D'un côté, le cerveau envoyait des signaux perturbateurs en percevant la parole comme soumise à jugement, et donc, avec l'obligation d'employer les mots justes et la bonne grammaire. De l'autre côté, le « corps intelligent » savait parler « normalement ». Tant que le choix n'était pas fait, il y avait bégaiement, les deux sources d'informations se gênant et se contrariant. Là aussi, il fallait faire un choix, le choix de laisser le « corps intelligent » s'exprimer, naturellement ; lui faire confiance, pour limiter les accidents de cette parole. Pour que la prise de parole soit un geste de parole, sans autres interférences mentales.

Je faisais confiance à mon « corps intelligent ».

Ma parole devenait un geste de parole.

Pourtant, il avait bien fallu que j'apprenne à conduire une voiture pour arriver à la piloter instinctivement. L'apprentissage était obligatoire, c'était la période d'appropriation de nouvelles connaissances. J'appliquais cette phase d'appropriation, d'ailleurs bien avant de savoir conduire, pour tout. En effet, je ne me contentais plus de lire pour croire savoir, je mettais en application. Par exemple, en mathématiques, lire et comprendre ne me suffisaient pas, je faisais des exercices, et alors là, je me rendais compte que j'éprouvais des difficultés, que je n'avais pas tout intégré, mais qu'une fois les exercices effectués, je savais vraiment. Je généralisais cette façon de faire à tout ce que je vivais et ce pragmatisme ne me décevait jamais. Donc, j'expérimentais, et ainsi, très tôt, dès mon adolescence, je quittais la planète du « y a qu'à » pour celle du « fais-le », en le faisant, tout simplement, sans me laisser corrompre par des pensées parasites compliquant l'affaire à tel point qu'elles inhibaient l'action.

En quittant la planète du « y a qu'à » pour celle du « fais-le », je m'appropriais de nouvelles connaissances et je renforçais ma confiance en moi.

Chapitre XXII
Le « coup du cric »

J'étais de nature pessimiste et inquiète. J'imaginais tout ce qui pouvait m'arriver de fâcheux et j'agissais en conséquence pour remédier à tous les ennuis possibles. Je prévoyais tout, même l'impossible. Je faisais des listes complètes dès que j'entamais une activité, les produits à acheter pour les courses, ou le matériel à rassembler pour effectuer une réparation ou pour aller en vacances. Il ne me manquait jamais rien. Ainsi, dans mon coffre de voiture, se trouvait tout le matériel pour faire face à toutes les situations possibles, même des chaînes à neige en été pour avancer sur l'herbe humide. Je ne m'en étais jamais servi, ne roulant jamais sur l'herbe ! Je compliquais tout. Cela me rappelait une histoire, « le coup du cric » :

C'est un homme qui a la roue de sa voiture à plat. Il s'arrête, ouvre son coffre afin de changer de roue. Hélas, il lui manque le cric pour soulever la voiture. Alors, il part à pied pour trouver un garagiste qui lui en prêtera un. Au bout d'une demi-heure de marche, il se dit :

— Et si le garagiste me demande dix euros pour me le prêter, je devrais bien les lui donner.

Et il continue sa marche. Au bout d'une heure de marche, il se dit :
— Et si le garagiste me demande vingt euros pour me le prêter, je devrais bien les lui donner.

Et il continue sa marche. Au bout de deux heures de marche, il se dit :

— Et si le garagiste me demande cinquante euros pour me le prêter, je devrais bien les lui donner.

Et il continue sa marche. Au bout de trois heures de marche, fourbu, il arrive enfin devant le garage. Il hèle le garagiste et lui hurle :

— Votre cric à cent euros, vous pouvez vous le mettre quelque part !

Puis il fait demi-tour et regagne sa voiture.

Cette histoire pourrait être véridique et montre la difficulté que l'on peut éprouver à empêcher le cerveau de gamberger, de créer des situations inexistantes. Je m'employais donc à le contrôler et quand il partait dans des hypothèses saugrenues, je le rappelais à l'ordre en lui remémorant l'histoire du « coup du cric ». Ce qui désamorçait le phénomène et il se remettait à travailler sur des situations plus réelles.

Pour cela, il suffisait de se projeter plus loin que l'instant présent, par exemple vingt-quatre heures plus tard. Quelles qu'aient été les difficultés rencontrées pour trouver un cric, la voiture serait sur son parking habituel le lendemain. Cela permettait de relativiser mes difficultés, mais surtout, de me dire qu'il y avait toujours une solution. Laquelle ? Je ne le savais pas encore, mais il y en avait au moins une et elle serait trouvée. Je me remémorais mes problèmes passés : ils avaient tous été résolus, avec une solution plus ou moins bonne, mais il y en avait toujours eu une.

Quand pouvait surgir ou surgissait un problème, je me demandais ce qu'il en resterait dans un jour, une semaine, un mois, une année, dix ans ou trente ans. Au maximum une anecdote. Je devenais alors plus serein.

> Je quittais ma nature pessimiste et inquiète en pensant plus loin que l'instant présent, en me projetant dans le futur. Ainsi, je savais que quoi qu'il arrive, il y aurait toujours une solution et qu'elle serait trouvée. Je devenais ainsi confiant vis-à-vis des petits aléas de la vie.

Chapitre XXIII
J'existais, j'agissais spontanément et facilement

Je quittais donc ma tendance à temporiser avant d'agir, je prenais conscience que reporter les choses, c'était les reporter encore et toujours.

Pourquoi reculer, reporter ? Par peur de mal faire ? Peur du jugement des autres ? Ou tout simplement parce qu'au fond de moi, je n'étais pas intéressé et même, que je n'avais pas envie de le faire ?

Je m'obligeais alors, au lieu de remettre au lendemain, à effectuer la tâche immédiatement, sans réfléchir, car, mais oui, je réfléchissais à toutes les possibilités de difficultés que je pouvais rencontrer, aux jugements que cela entraînerait, à ce qui me décourageait.

Je me mis à agir, comme ça, spontanément, c'était facile. Alors, je faisais n'importe quoi, enfin, presque. Je pilotais toujours des cerfs-volants, même des très compliqués, ceux qui possédaient quatre fils, qui pouvaient avancer, mais aussi reculer, voler latéralement ; en un mot, tout faire. Peu de pilotes les maîtrisaient.

J'en avais un depuis quelques mois. Alors, je m'engageai, sans être prêt, dans les compétitions, en l'occurrence au championnat régional d'Île-de-France. Certes, je n'étais pas le meilleur, mais je m'inscrivis. Cette année-là, je finis quatrième à ce championnat et septième au championnat de France. L'année suivante, je me hissais au premier rang du championnat régional d'Île-de-France.

Parce que je l'avais fait ! Sans me préoccuper des autres, qui étaient les compétiteurs mais surtout des autres cerfs-volistes, peut-être plus forts que moi mais moi, j'étais là, sur le terrain, je m'étais inscrit, j'y participais.

Qu'aurais-je gagné à ne pas participer ? Rien.

Qu'aurais-je perdu à ne pas participer ? Rien.

Au pire, il ne se passait rien, je ne risquais que de faire mieux que rien. Donc, j'avais tout à gagner à faire.

De plus, je prenais conscience qu'aux yeux des autres, j'existais.

Pour bien m'imprégner de cette liberté d'action, je me répétais plusieurs fois par jour :

> Je n'imaginais pas à quel point j'ai le droit et l'autorisation de faire, avec spontanéité et facilité.

Chapitre XXIV
L'expiration expansive

J'étais en compétition. Il faisait beau, mon cerf-volant, un quatre lignes « REVOLUTION », était prêt sur le terrain. Le vent était faible, je le redoutais car le pilotage du cerf-volant y devenait très difficile. Pour compenser le manque de vent, il fallait reculer et comme le terrain d'évolution était limité, il fallait se débrouiller pour voler jusqu'à la fin de la prestation, c'est-à-dire jusqu'à la fin du morceau de musique que j'avais choisi pour effectuer mon ballet.

Les épreuves comportaient un temps de test de vent non noté. Je commençai, le vent bien dans le dos, par le tester avec mon cerf-volant, le faisant évoluer dans le demi-cercle ayant sa base au sol où il tenait en l'air. Le vent était très faible. Je reposai mon cerf-volant et j'indiquai au directeur de terrain que j'étais prêt. Alors ma musique retentit par les hauts parleurs. Mon cerf-volant s'éleva et j'enchaînai les figures prévues tout en reculant pour compenser le manque de vent. La limite du terrain se rapprochait, alors je fis décrire un large cercle à mon cerf-volant en courant comme un fou, ce qui était très difficile, mes lignes (les fils reliant le pilote au cerf-volant) étant très longues. Je me sentais heureux, je m'amusais, pourtant, le cerf-volant toucha le sol, mais j'avais gagné du terrain. Mon ballet me plaisait et je tentai de décrire un autre cercle avec mon cerf-volant en me lançant dans une course effrénée. Hélas, encore une fois, j'échouai car mon cerf-volant toucha le sol. Sagement, je terminai bien mon ballet. J'étais très satisfait de moi, je m'étais fait plaisir et j'étais heureux.

Quand je quittai le terrain, quelqu'un me dit que je devrais respirer quand je volais. Je le trouvai stupide, sans toutefois le lui dire, et je continuais mon chemin pour rejoindre les autres compétiteurs.

Pourtant, les jours suivants, quand je reprenais mon cerf-volant, je constatais que je restais en apnée ! Je ne respirais pas, ou plutôt presque pas. J'essayai alors d'expirer fortement, mais cela coinçait. Je bloquais sur l'expiration. Je pris alors, au fil des entraînements, conscience que j'étais replié sur moi-même, que j'étouffais dans un minuscule espace représenté par mon cerf-volant.

Il fallait donc que je trouve un moyen de me libérer, de me donner de l'air, de l'espace. J'en cherchais un par la respiration. Je m'imaginai alors que l'espace s'agrandissait, s'agrandissait à chaque expiration, jusqu'à englober le terrain tout entier, puis tout l'environnement, de l'horizon jusqu'au zénith. Aussitôt, mon inspiration s'amplifia automatiquement et mon expiration se libéra, s'approfondit.

J'occupais enfin l'espace, je voyais mon cerf-volant évoluer dans le paysage. Il évoluait sur le fond des arbres qui bordaient le terrain sur un des côtés, revêtus de leurs feuilles printanières, avec, un peu plus loin, un champ de blé qui étendait sa verdure jusqu'à l'horizon.

Je gardais alors cette habitude de sentir l'espace s'éloigner de plus en plus au fil des expirations. L'inspiration, au contraire, contractait l'espace jusqu'à moi, moi qui étais bien campé sur mes deux jambes, mais cela marchait aussi quand j'étais assis, dans ma voiture ou ailleurs. Cette inspiration me ramenait à ma propre conscience, alors que l'expiration élargissait l'espace dans lequel j'évoluais.

Très vite, j'essayai d'adapter ce ressenti à la parole, pour la libérer. Ainsi, pendant l'expiration, plus longue que l'inspiration, j'imaginais que l'air qui sortait de mes poumons remplissait l'espace qui s'éloignait un peu plus à chaque fois, alors que l'inspiration le ramenait à moi. Je prenais conscience que parler, dire, s'effectuaient en deux temps, sans précipitation, tranquillement par :

1) L'inspiration, où je préparais ce que je voulais dire, pendant la contraction de l'espace.

2) L'expiration, où l'expansion du souffle entraînait ma parole dans l'espace.

Deuxième partie
Exercices

Exercice I
L'expiration volontaire
et sa prise de conscience

1 – L'expiration volontaire et sa prise de conscience

Considérez que :

a) l'inspiration est un réflexe automatique ;

b) l'expiration est un acte volontaire, sur lequel on peut agir, que l'on peut forcer.

Habituez-vous à avoir une durée d'expiration égale ou supérieure à celle de votre inspiration, mais jamais plus courte. D'autre part, cette expiration doit être profonde, efficace, ininterrompue et continue. Gardez cette habitude et intégrez-la dans votre vie de tous les jours. Ainsi, par exemple, lors de vos promenades, quand vous inspirez sur trois pas, expirez profondément sur quatre à cinq pas.

Ressentez bien cet air, ce souffle qui sort de votre bouche, comment il s'échappe de vos lèvres. Comment il naît, d'abord inexistant, puis prenant force. Comment il vit, constant, avec la même intensité pendant toute la durée de l'expiration, sans faiblir ni augmenter. Comment il finit, à l'inverse de son commencement.

Cette notion concernant la respiration avec l'inspiration automatique et l'expiration profonde, efficace et continue de durée plus longue, se révèle très importante pour que le bègue acquière la fluidité de parole.

Ainsi, je vous demanderai :

1) de prendre conscience de votre respiration et particulièrement de votre expiration ;

2) d'ajuster votre expiration pour que sa durée soit plus longue que celle de votre inspiration qui, elle, est automatique et sur laquelle vous n'influez pas ;

3) que votre expiration volontaire, que vous pouvez forcer, soit profonde, efficace et continue ;

4) de pratiquer cet exercice dès que vous y pensez, jusqu'à ce qu'il devienne une habitude, qu'il soit intégré à votre vie.

2 – Progression de l'exercice de l'expiration volontaire

Prenez votre temps, pratiquez l'expiration volontaire et sa prise de conscience pendant quinze jours avant d'entreprendre l'exercice suivant.

Nota : L'expiration peut durer beaucoup plus longtemps que l'inspiration, comme dans la prise de parole. Ne vous en préoccupez pas, c'est normal.

Exercice II
Relaxation des jambes

1 – Relaxation des jambes

Couchez-vous sur le dos, un coussin sous la nuque afin d'avoir la tête un peu en arrière, et un autre sous les genoux. Les mains près du corps, paumes vers le bas, respirez normalement, en proscrivant tout effort. Fermez les yeux sans serrer les paupières.

Pensez à votre jambe gauche, pour la sentir, sans effort de concentration. Laissez-vous aller. À chaque expiration, détendez cette jambe gauche en veillant à ne pas la contracter lors de l'inspiration. Dès que cette jambe gauche est lourde, passez à la jambe droite.

Pensez à votre jambe droite, pour la sentir, sans effort de concentration. Laissez-vous aller. À chaque expiration, détendez cette jambe droite, en veillant à ne pas la contracter, lors de l'inspiration, mais n'oubliez pas la jambe gauche qui doit aussi rester lourde.

Quand les deux jambes sont lourdes, elles sont relaxées.

2 – Retour à l'état initial (non relaxé)

Il suffit de faire jouer ses muscles relaxés en les contractant et de quitter la position de relaxation.

Si vous effectuez ces exercices le soir dans un lit, il se peut que vous vous endormiez. Même avant une relaxation totale, ce n'est pas important, vous dormirez bien.

3 – Fréquence des exercices de relaxation

Une séance de relaxation par jour suffit. Mais faites-la !

4 – Progression des exercices de relaxation

Prenez votre temps, pratiquez la relaxation des jambes pendant un mois avant d'entreprendre l'exercice suivant.

Nota : dans les exercices de relaxation, il n'y a aucune importance à commencer par le côté gauche ou le côté droit.

Rappel : ne pas oublier d'effectuer l'exercice précédent chaque jour.

Exercice III
Relaxation de tout le corps

1 – Relaxation des bras, des mains, des épaules, de la nuque et du visage

Après la relaxation des jambes, passez à celle des bras et des mains, puis des épaules. Appliquez la même méthode, pensez à votre bras et à votre main gauche. Détendez-les à chaque expiration, sans contracter les jambes (qui sont déjà relaxées) à l'inspiration. Une fois le bras et la main très lourds, détendez l'épaule gauche en la laissant s'affaisser à chaque expiration. Quand cette épaule gauche est lourde, passez au côté droit. Toujours veiller à ne pas contracter les parties détendues lors des inspirations.

Pour finir, détendez votre nuque, votre cou, votre visage, votre bouche. Une fois entièrement détendu, bien lourd, vous ressentirez une impression de paix et votre respiration deviendra beaucoup plus ample et profonde.

2 – Retour à l'état initial (non relaxé)

Il suffit de faire jouer ses muscles relaxés en les contractant et de quitter la position de relaxation.

Si vous effectuez ces exercices le soir dans un lit, il se peut que vous vous endormiez, même avant une relaxation totale. Ce n'est pas important, vous dormirez bien.

3 – Fréquence des exercices de relaxation

Une séance de relaxation par jour suffit. Mais faites-la !

4 – Progression des exercices de relaxation

Prenez votre temps, pratiquez la relaxation des jambes, des bras, des mains, des épaules, de la nuque, du visage et de la bouche pendant quinze jours avant d'entreprendre l'exercice suivant.

Rappel 1 : dans les exercices de relaxation, il n'y a aucune importance à commencer par le côté gauche ou le côté droit.

Rappel 2 : ne pas oublier d'effectuer les exercices précédents chaque jour.

Exercice IV
La respiration relaxante et la prise de conscience des gestes inconscients

1 – La respiration relaxante

Avec les exercices précédents, vous avez pris conscience de votre expiration, de votre corps, et vous savez vous relaxer. Maintenant, vous allez vous servir des principes acquis pour vous relaxer n'importe où, n'importe quand, avec la respiration relaxante.

Comme avec la relaxation, détendez-vous à chaque expiration, ressentez bien la détente dans votre corps, votre bouche, votre visage, votre cou, vos épaules, vos bras, vos jambes… en veillant à ne pas vous contracter pendant l'inspiration. Et ainsi de suite. Avec de l'entraînement, une seule expiration suffira à vous mettre dans un état de relaxation propre à calmer votre émotivité et à la ramener dans des limites non gênantes. Cette respiration relaxante est vitale pour quitter votre bégaiement. Elle vous permettra d'inverser vos mauvais réflexes, en passant du blocage à la libération des tensions.

2 – Prise de conscience des gestes inconscients

La relaxation vous a donc aidé à prendre conscience de votre corps. Maintenant, vous allez aller plus loin dans cette prise de conscience en ressentant vos gestes routiniers. Appliquez-vous à ressentir vos gestes inconscients, comme mettre vos chaussettes, faire votre café, vous raser si vous êtes un homme ou vous maquiller si vous êtes une femme, serrer les mains etc. Surtout, sans vous concentrer, sans changer ou modifier votre geste. Sans vous restreindre aux bras et aux mains, mais à tout le corps, comme les mouvements de la tête, des sourcils, de la bouche, sans oublier ceux du cou, des jambes et des pieds… Vous aurez la sensation, au fil des jours, que vos mouvements effectuent une danse.

3 – Progression des exercices de prise de conscience des gestes inconscients

Prenez votre temps, pratiquez ces deux exercices :

1) la respiration relaxante

2) la prise de conscience des gestes inconscients

pendant un mois à raison d'au moins une trentaine de minutes par jour. Le plus difficile dans cet exercice est d'y penser : pensez-y sans oublier les exercices de relaxation.

Rappel : ne pas oublier d'effectuer les exercices précédents chaque jour.

Exercice V
Détente du visage et prise de conscience de la parole avec la respiration volontaire relaxante

1 – Détente du visage et prise de conscience de la parole

Prenez conscience des crispations de votre visage, de votre cou et de votre bouche, particulièrement lorsque vous parlez, et détendez ces points de tension constatés avec la respiration relaxante.

Considérez la parole comme un geste et prenez conscience des mouvements qui se passent dans votre bouche. Parlez sur l'expiration de la respiration relaxante. Dites le premier phonème doucement, puis continuez sans effort, avec un débit d'air sortant de vos lèvres, ininterrompu et continu en vous relaxant.

> Désormais :
>
> a) l'expiration volontaire (exercice I) et
> b) la respiration relaxante (exercice IV)
> se combinent et forment la respiration volontaire relaxante.

Amusez-vous à changer votre débit de parole. Essayez de parler plus vite, ce sera certainement une catastrophe, vous bégayerez encore plus. Ralentissez aussi votre débit de parole, vous bégayerez moins. Plus vous parlerez lentement, mieux ce sera. À tel point qu'en parlant très lentement, vous vous exprimerez presque correctement, mais la conversation deviendra totalement artificielle et vous décèlerez de la nervosité et de l'impatience chez vos interlocuteurs. N'utilisez donc pas un débit de parole très lent, mais amusez-vous quand même à le faire pour améliorer la prise de conscience de votre parole.

2 – Progression des exercices de détente du visage et de prise de conscience de la parole par la respiration volontaire relaxante

Prenez votre temps, pratiquez la détente du visage et la prise de conscience de la parole avec la respiration volontaire relaxante pendant un mois avant d'entreprendre l'exercice suivant.

Rappel : ne pas oublier d'effectuer les exercices précédents chaque jour.

Exercice VI
La respiration à trois étages et sa prise de conscience

1 – La respiration à trois étages

Cette respiration, calme, se rythme à seulement cinq à six respirations par minute. Elle est donc inadaptée dans les activités physiques intenses, mais très intéressante pour parler, car elle détend, abaissant ainsi les tensions préjudiciables à la parole fluide.

À l'inspiration, prenez conscience des mouvements de :

votre ventre qui se gonfle,

puis de votre cage thoracique (votre ventre continue à se gonfler),

et enfin de vos épaules (votre ventre et votre cage thoracique continuent à se gonfler),

À l'expiration, prenez conscience du relâchement de vos épaules, de votre cage thoracique et du creusement de votre ventre.

Prenez conscience de cette respiration, de votre ventre, de votre cage thoracique, de vos épaules, et ne dépassez pas deux minutes consécutives pour cet d'exercice. Si vous sentez un étourdissement venir, arrêtez-vous pour reprendre plus tard, car cette respiration, très complète, amène beaucoup d'oxygène au cerveau. Dix minutes par jour par fraction de deux minutes consécutives apportent le calme. Cette respiration est conseillée dans la prise de parole.

2 – Progression des exercices de prise de conscience des mouvements de la cage thoracique et du ventre

Prenez votre temps, pratiquez *la respiration à trois étages et sa prise de conscience* pendant quinze jours avant d'entreprendre l'exercice suivant.

Rappel : ne pas oublier d'effectuer les exercices précédents chaque jour.

Exercice VII
L'expiration expansive

1 – L'expiration expansive

Vous avez bien travaillé les exercices précédents, poursuivez les toujours, mais, maintenant, vous allez en rajouter un autre, *l'expiration expansive.*

L'expiration expansive participe à la libération de la parole :

Elle ressemble à *l'expiration volontaire*, mais elle va plus loin.

Pendant l'expiration, plus longue que l'inspiration, imaginez que l'air qui sort de vos poumons remplit tout l'espace qui vous entoure, que cet espace est une pièce, ou la voûte céleste. Aussitôt, votre inspiration s'amplifiera automatiquement, et votre expiration se libérera, s'approfondira. Votre souffle occupera progressivement tout l'espace. Gardez cette habitude de sentir votre souffle occuper tout l'espace pendant les expirations.

Quant à l'inspiration, votre aspiration d'air ramène l'espace à vous.

Ainsi, je vous demanderais d'imaginer :

A chaque inspiration, que votre aspiration d'air ramène l'espace à vous ;

A chaque expiration, que votre souffle occupe progressivement tout l'espace.

Une fois que vous aurez acquis *l'expiration expansive*, combinez-la avec *l'expiration volontaire relaxante* et la *prise de conscience des mouvements de la cage thoracique et du ventre.*

La combinaison de *l'expiration expansive*, de la *respiration à trois étages* et de *l'expiration volontaire relaxante* se révèle très importante pour que le bègue acquière la fluidité de parole.

Remarque : Ne pas se prendre pour un poulpe. À l'expiration, ne pas se sentir reculer, comme le poulpe qui se propulse en soufflant de l'eau, ce qui le fait avancer, par réaction, en arrière. Restez fixe.

2 – Progression des exercices de l'expiration expansive

Prenez votre temps, pratiquez l'expiration expansive pendant quinze jours avant d'entreprendre l'exercice suivant.

Rappel : ne pas oublier d'effectuer les exercices précédents chaque jour.

Exercice VIII
Utilité du bégaiement

1 – Utilité du bégaiement

Quel(s) qu'en ai(aient) été l'(les) événement(s) déclencheur(s), le bégaiement a été votre réponse à un(des) événement(s). Il vous a été utile, il vous a rendu service, il a été votre ami.

Je vous propose, afin d'y voir plus clair, de faire une liste des avantages que vous en avez tirés.

En effet :

1) Le bégaiement vous a été utile.

2) Le bégaiement n'est plus adapté car maintenant il est une gêne et vous fait souffrir.

3) Il vous faut donc acquérir de nouvelles habitudes.

2 – Établissez une liste des composantes de l'utilité de votre bégaiement en termes uniquement positifs :

Par exemple :

a) avoir moins de sollicitations à l'école ;

b) montrer que vous faites des efforts afin d'attirer la clémence ou la bienveillance de l'autre ;

c) montrer que vous êtes faible pour attirer la pitié ;

d) échapper oralement à la plupart des demandes de l'autre (des autres) ;

e) paraître faible pour attirer l'amour, l'attention de l'autre (des autres) ;

f) montrer que vous faites des efforts pour plaire à l'autre (aux autres) ;

g) échapper aux sollicitations que vous adresse(nt) l'autre (les autres), plus âgé(s), de votre (vos) âge(s) ou plus jeune(s) pour être plus tranquille ;

h) cacher votre agressivité ;

etc.

Conservez cette liste et, au besoin, complétez-la. Si vous désirez la détruire, ne vous en privez pas, brûlez-la.

3 – Progression des exercices de détente du visage et de prise de conscience de la parole

Prenez votre temps, réfléchissez sur l'utilité de votre bégaiement pendant une semaine avant d'entreprendre l'exercice suivant.

Rappel : ne pas oublier d'effectuer les exercices précédents chaque jour.

Exercice IX
Prise de conscience de votre valeur

1 – Prise de conscience de votre valeur

Comme vous l'avez découvert dans la fiche précédente, le bégaiement vous a été utile. Vous vous cachiez derrière ce paravent pour ne pas vous assumer, ou (et) ne pas vous engager, ou (et) ne pas prendre de responsabilité ou (et) tout autre chose.

Vous vous rendez compte maintenant que sans ce paravent, vous allez vous exposer, que cette exposition pourra être pire que le bégaiement. Que vous serez tenté, consciemment ou inconsciemment, de vous réfugier à nouveau derrière le bégaiement, pour vous mettre à l'abri en cas de besoin.

Il vous faudra d'abord vous donner l'autorisation d'être vu et entendu, sans vous mettre en avant, puis de casser les mauvaises habitudes pour en prendre de nouvelles. Par exemple, vouloir réaliser vos propres désirs et non ceux des autres. Vivre l'instant, ne plus calculer l'effet que vous voulez produire sur les autres, en ajustant vos paroles, afin qu'elles produisent, sur les interlocuteurs, ce que vous voulez qu'ils vous renvoient.

Pour ce faire, il vous suffira de changer l'image négative, consciente ou inconsciente, que vous avez de vous-même, qui entraîne votre culpabilité, votre peur d'être jugé et votre précipitation, pour ne pas faire perdre du temps à ceux qui vous en consacrent.

Cette nouvelle image, positive, doit donc s'infiltrer au plus profond de votre être, au plus profond de vos fibres. Rassurez-vous, ma méthode pour modifier votre représentation de vous-même est simple, mais non simpliste. Essayez !

Dites-vous, chaque jour, à haute voix si possible, matin, midi et soir, plusieurs fois :

— Je n'imaginais pas à quel point j'ai de la valeur.

Redites-le aussi quand vous sentez votre confiance en vous diminuer et chaque fois que vous en éprouvez le besoin.

2 – Progression de la prise de conscience de votre valeur

Prenez votre temps, pratiquez la prise de conscience de votre valeur pendant quinze jours avant d'entreprendre l'exercice suivant.

Rappel : ne pas oublier d'effectuer les exercices précédents chaque jour.

Exercice X
Préambules à la parole fluide

1 – Préambules à la parole fluide

Attitude corporelle :

Prenez une attitude corporelle active :

1) Ayez la certitude d'être efficace, même si plus tard, vous vous rendez compte que cela n'a pas fonctionné.

   Ayez confiance en votre pouvoir en vous disant plusieurs fois par jour, de préférence à haute voix :

   — Je n'imaginais pas à quel point, aujourd'hui, j'ai du pouvoir.

2) Regardez l'autre, qu'il s'agit d'atteindre.
3) Redressez votre corps, vous avez le droit d'être vu et entendu.
4) Pratiquez de préférence une respiration abdominale.

Attitude mentale :

Décidez de changer vos rapports avec les autres (cet état d'esprit améliore déjà la fluidité verbale) :

1) ne répondez pas immédiatement, attendez au moins deux secondes avant de parler, car c'est le temps nécessaire pour que les paroles de l'autre

résonnent en vous, au niveau de votre vécu et de votre savoir.

2) regardez-vous au travers de votre propre regard et non au travers de celui des autres ;

3) réalisez vos désirs et non ceux des autres ;

4) soyez seul responsable de ce que vous ressentez et de ce que vous faites, alors que les autres sont seuls responsables de ce qu'ils ressentent et de ce qu'ils font ;

5) donnez-vous le droit de ne pas répondre à une question, ou de répondre que vous ne répondrez pas si vous n'en avez pas envie, ou si la question vous semble indiscrète ;

6) prenez votre temps avant de parler, utilisez même plusieurs respirations calmes avant de prendre la parole, prenez tout votre temps ;

7) quittez la frontière entre le dire et le non-dire. Vous devez faire un choix et l'assumer, sachant qu'il y aura toujours des conséquences négatives, ne serait-ce que de penser que l'autre va penser que… mais aussi des conséquences positives très importantes, comme l'augmentation de votre estime de soi.

2 – Progression de la prise de conscience de votre valeur

Prenez votre temps, imprégnez-vous pendant quinze jours du contenu de cet exercice avant d'entreprendre le suivant.

Rappel : ne pas oublier d'effectuer les exercices précédents chaque jour.

Exercice XI
La parole fluide

1 – La parole fluide

Vous avez envie de parler et vous êtes prêts à le faire : alors vous allez le faire, mais sans précipitation, prenez votre temps.

1) Inspirez :

Pendant *l'inspiration*, l'aspiration d'air ramène l'espace à vous, à travers la bouche préparée à la prononciation de la première voyelle du premier phonème (même si le premier phonème ne commence pas par une voyelle).

Inspirez avec la bouche préparée à la prononciation de la première voyelle du premier phonème.

2) Expirez *(vous parlez uniquement sur l'expiration, jamais sur l'inspiration)* :

Pendant l'expiration, votre souffle occupera l'espace, entraînant la parole.

Parlez sur cette *expiration expansive*

a) avec la bouche préparée à la prononciation de la voyelle de chaque phonème,

b) sans jamais en interrompre le filet d'air continu d'entre vos lèvres. Les mots doivent couler dans ce filet d'air continu durant toute l'*expiration expansive*.

Si « ça coince » pendant une phrase, vous pouvez :

a) soit vous détendre et recommencer toute la phrase, mais il faut y mettre de l'humour ;

b) soit vous détendre et recommencer sur le mot difficile. C'est-à-dire, après une inspiration brève en préparant la bouche à la prononciation de la première voyelle du premier phonème du mot à dire, parler sur cette *expiration expansive* sans jamais en interrompre le filet d'air continu d'entre vos lèvres, sans forcer. Les mots doivent couler dans ce filet d'air continu durant toute l'*expiration expansive* ;

c) soit vous détendre et recommencer sans inspirer, en préparant avec votre bouche la voyelle du premier phonème de ce mot difficile et parler dans le filet d'air ininterrompu, sans forcer.

Parlez avec la bouche préparée à la prononciation de la voyelle de chaque phonème, sans interrompre le filet d'air et sans forcer.

<u>En cas de difficulté</u> : avant de parler, laissez échapper un filet d'air d'entre vos lèvres, la bouche toujours préparée à la prononciation de la première voyelle, puis parlez sans forcer, doucement, faiblement, sur le début des phrases, comme sur les mots difficiles, sans jamais en interrompre le filet d'air durant toute l'expiration.

<u>2 – Petits exercices amusants</u>

Le matin, devant votre glace, en ouvrant bien la bouche, prononcez les voyelles a, e, i, o et u en vous regardant. Prenez conscience des mouvements à l'intérieur et à l'extérieur de votre bouche.

Ensuite, accrochez ces voyelles avec les consonnes qui vous posent des problèmes. Par exemple, si vous peinez avec les « b », prononcez « ba », « be », « bi », « bo » et « bu » en ressentant bien, là aussi, comment la bouche prépare la voyelle avant de prononcer le phonème.

3 – Progression des exercices de la parole fluide

Prenez votre temps, pratiquez la parole fluide pendant un mois avant d'entreprendre l'exercice suivant.

Rappel : ne pas oublier d'effectuer les exercices précédents chaque jour.

Exercice XII
Amélioration de la fluidité verbale avec un magnétophone

1 – Amélioration de la fluidité verbale avec un magnétophone

Vous avez bien travaillé la combinaison des exercices précédents, poursuivez toujours la combinaison de ces exercices.

La fluidité de vos paroles s'améliore nettement. Ne vous arrêtez pas en si bon chemin. Maintenant, vous allez prendre conscience de ce que vous dites en vous enregistrant avec un magnétophone, puis en vous écoutant.

Un simple petit magnétophone à bande avec un compteur mécanique suffit.

> L'écoute de vos propres paroles apportera inconsciemment des améliorations très rapides et sans effort de votre fluidité verbale, mais aussi de votre façon de dire. Vos progrès seront facilement évaluables en réécoutant des enregistrements antérieurs.

Cet entraînement peut s'effectuer en toute discrétion :

a) au téléphone, ou en parlant à un auditeur fictif ;

b) en expliquant quelque chose, par exemple ce que l'on vient de lire, à haute voix, à soi-même ou à un auditeur fictif ;

c) pendant une lecture à haute voix ;

d) en camouflant le magnétophone pour enregistrer votre conversation. Toutefois, il est souhaitable de dire que l'on enregistre pour améliorer sa parole. Il n'y a aucune honte à cela. D'ailleurs, peu de personnes trouveront cette pratique bizarre. En cas de réticence, ne pas insister.

Préparez ainsi vos oraux aux examens et concours, comme vos entretiens professionnels. Entraînez-vous ! Posez-vous ou faites-vous poser une question et répondez-y ! Ceci fonctionne aussi sans s'enregistrer (mais je préfère le magnétophone, quand c'est possible, pour vérifier les énormes progrès réalisés) car le fait de s'exprimer, d'expliquer oralement à quelqu'un, mentalement ou réellement, « remet les idées en place ».

Rappel important : ne jamais interrompre le filet d'air d'entre vos lèvres durant toute l'expiration, que ce soit avant de parler ou en parlant, ou avant de parler puis en parlant.

Si « ça coince » pendant une phrase verbale, former avec votre bouche la voyelle de ce mot difficile avant d'en dire le premier phonème.

Si, au fil du temps, vous régressez, que votre fluidité verbale diminue, c'est que vous avez oublié de pratiquer les exercices. Reprenez-les et tout s'arrange.

2 – Progression de la fluidité verbale avec un magnétophone

Prenez votre temps, pratiquez l'amélioration de la fluidité verbale, entraînez-vous. !

Rappel : ne pas oublier d'effectuer les exercices précédents chaque jour.

Épilogue

Dans la préface, j'écrivais : « Le bègue ne peut donc qu'évoluer difficilement dans le sens d'une libération, car c'est un prisonnier qui ne connaît pas sa prison ». Maintenant que la porte s'est ouverte en grand, je profite de cette liberté pour vivre intensément.

Depuis que j'ai quitté mon bégaiement, la vie est devenue une aventure facile à vivre, formidable et excitante. Pourtant, je ne sais ce que me réserve l'avenir.

Mais comme je me suis obligé à devenir plus performant en apprenant, je saisis les opportunités du destin, puis je me lance dans l'action avec générosité. Il n'y a rien de pire que de vivre de regrets, alors il faut surtout essayer pour ne pas se dire plus tard :

— Si j'avais su !

Il faut savoir maintenant. Tout cela évidemment dans son propre système de valeur.

Ainsi, cette philosophie de vie m'a entraîné dans une existence que je n'avais pas rêvée, même dans mes pensées les plus folles.

Je fais ce que je pense bon pour moi, sans m'occuper des autres. Alors je sais si j'ai eu raison ou pas. Si cela ne me convient pas, je modifie mes choix et je fais autre chose, sans regret.

Avec humour, ma vie serait « Ne t'occupe pas des signaux, pédale ! ». Les signaux étant les jugements des autres et pédaler, l'action que je juge bonne pour moi.

Bibliographie

[1] Dr François Le Huche, ***Le bégaiement option guérison***, Albin Michel, 2000.

[2] Pierre Real (psychologue), ***La volonté, clé de la réussite,*** collection Marabout Flash, 1960.

[3] François Richaudeau, Michel & Françoise Gauquelin, ***Cours de lecture rapide,*** publié sous l'égide du Centre d'étude et de promotion de la lecture, 1966.

[4] Gysa Jaoui, ***Le Triple Moi. L'Analyse Transactionnelle,*** Robert Laffont, collection « REPONSES », 1982.

[5] Louis Timbal-Duclaux, ***La méthode SPRI,*** Retz, 1985.

Table des matières

Achevé d'imprimer en France en Septembre 2007
par la Ste ACORT sur presse numérique
www.cogetefi.com